说得 恰到好处

孙锴 / 编著

走江湖，

要练嘴上的武功；

当盟主，

舌头不好使可不行！

中国华侨出版社

图书在版编目（CIP）数据

说得恰到好处/孙锴编著 . —北京：中国华侨出版社，
2010. 11
ISBN 978 - 7 - 5113 - 0863 - 4

Ⅰ.①说… Ⅱ.①孙… Ⅲ.①语言艺术—通俗读物
Ⅳ.①H019 - 49

中国版本图书馆 CIP 数据核字（2010）第 215804 号

● **说得恰到好处**

编　　著/孙　锴
责任编辑/梁兆祺
经　　销/新华书店
开　　本/710×1000 毫米　1/16　印张 15　字数 200 千字
印　　数/5001-10000
印　　刷/北京一鑫印务有限责任公司
版　　次/2013 年 5 月第 2 版　2018 年 3 月第 2 次印刷
书　　号/ISBN 978 - 7 - 5113 - 0863 - 4
定　　价/29. 80 元

中国华侨出版社　　北京市朝阳区静安里 26 号通成达大厦 3 层　　邮编 100028
法律顾问：陈鹰律师事务所
编辑部：（010）64443056　　64443979
发行部：（010）64443051　　传真：64439708
网　址：www. oveaschin. com
e - mail：oveaschin@ sina. com

前 言

P R E F A C E

对于话语的力量，西方哲人有这样一个总结：世间有一种成就可以使人很快完成伟业，并获得世人认可，那就是说话恰到好处的能力。

处在复杂的社会关系中，面临着众多的机遇和挑战，我们如何在激烈的竞争中立于不败之地？

说得恰到好处是最基本的因素。语言是人思想的外化，是必不可少的交际工具。

因此，人与人之间的社会关系及人际交流，其实就是一个每天说话的过程。人每天都需要说话，生活经验与现实证明了：越是会说话，办事越容易；把话说得越好听，做事成功率就越高。

我们生活在这个世界上，不曾一天离得开语言。纵观古今，把话说得恰到好处的人往往都是叱咤一时的风云人物，他们或吐纳珠玉之声，舌卷风云之色；或温文尔雅，谈笑间逢凶化吉；或凭"三寸不烂之舌"挽狂澜。

说得好，使人笑；说得巧，使人跳。我们说话要像厨师烧菜一样，掌握火候，要因时而变，因事而变，因人而变，才能把话说得恰到好处。若说话太绝，太死板，到头来，只会将本该说成的事在片刻之间化为乌有。

　　总之，说话办事，要做到不卑不亢，圆滑中有果断，果断中有圆滑，做到"到什么山唱什么歌，见什么人说什么话。"让你的话合乎人心，给人如沐春风之感，自然柔和亲近，言听计从；同时，我们还要记住老人们常说的"出门看天色，进门看脸色。"说话要善于洞察人心，尤其是当你有求于人时，更要见机行事，刚柔并济，才能逢凶化吉，转难为易，从而促使你办事水到渠成。

　　在《说得恰到好处》一书的章节中，从不同方面，引用大量生动事例，精辟论述了说话说得恰到好处，给日常生活和人们的事业带来了不可估量的效益，并提出些许建议，以供参考，希望能助你掌握说话诀窍，或许本书能引起你的深思，相信广大读者看完后，一定受益匪浅。

目 录

CONTENTS

第一章 见面寒暄恰到好处——寒暄的话要让人舒适

寒暄的话语，可在人际交往中打破僵局，缩短人际距离，向交谈对象表示自己的敬意，或是借以向对方表示乐于与其多结交之意。所以说，在与他人见面之时，若能选用适当的寒暄语，往往会为双方进一步的交谈，做良好的铺垫。

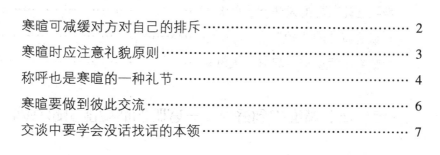

目录 CONTENTS

第二章　幽默玩笑恰到好处——营造轻松和谐的沟通氛围

生活压力大，朋友、同事之间相互调侃、幽默一下，也许是放松自己、改善彼此关系的一剂良药，但是幽默玩笑可不是闹着玩的事，弄不好玩笑成了"完笑"。适当的幽默玩笑是对死气沉沉的空间进行必要的"补氧"，机智幽默的玩笑的确能化干戈为玉帛。沟通是多方面的，只在有事的情况下，有一说一，公对公地交流，未免有些干涩，但幽默玩笑可以将周围的人吸引到你身边来。同时，幽默玩笑也是转换器，可以将痛苦转化为欢乐，将烦闷转化为欢畅，每个人都喜欢与机智幽默的人做朋友，而不情愿与忧郁沉闷，呆板木讷的人交往。

第三章　赞美恭维恰到好处——好听的话更能引起共鸣

一句真心的赞美，多过任何以金钱和虚荣为形式的伪装。适当的恭维，会令人欢心地感受到你的友善。如同艺术家在把好听的话语带给别人时感到愉快一样，赞扬和恭维不仅给听者，也给自己带来极大的愉快。它给平凡的生活带来了温暖和快乐，把世界的喧闹变成了音乐。有人说，赞美与恭维是一把火炬，在照亮他人生活的同时，也照亮了自己的心田。赞美与恭维，有助于发现被赞美者的美德，推动彼此之间的友谊健康地发展，还可以消除人与人之间的龃龉和怨恨。

目录 CONTENTS

第四章　批评方式恰到好处——给批评加层"糖衣"

批评是照耀人们灵魂的镜子，能让人更加真实地认识自己，但批评不当，不仅起不到相应的效果，还会产生极大的负面效应。批评人的事情，虽常有发生，但它并不是一件很随意的语言行为，它是有一定规则技巧，甚至还有某些禁忌的。比如，哪些话能说，哪些话不能说，哪些事能提，哪些事不能提。这都需要每个人在实践中细细体会。

第五章　劝导说服恰到好处——解开他人的心绪

　　说服的话语每个人多少都具备一点，但说服技巧并非人人都能掌握。随着社会的发展和进步，说服话语对每一个想要实现自我价值和取得成功的人来说，已是一项不可或缺的要素。说服好比打仗，对方就是你要征服的对象，你要想尽一切办法使他投降，这就涉及到说服的战略战术。细心研究，不难获得好的说服技巧。巧妙地说服是有准则、有技巧、有章可循的。准确得体、巧妙恰当的说服，让人听后如沐春风，能轻松地达到说服的目的。

第六章 辩解与圆场恰到好处——误会这样解开

人与人之间产生矛盾是在所难免的，这时，就需要有个人来化解矛盾。这也就是我们常说的"打圆场"。打圆场是需要技巧的，有时三言两语并不能了事。因此，化解矛盾的语言要诚恳，这样才能使矛盾双方都信服，并从而接受你的建议或意见。

第七章 论辩要恰到好处——反驳的话要有理有据

掌握语言反击的度是反击有效性的决定性因素。所谓度，就是界限性。根据不受气的第一大准则，利用语言反击时，应按照自己对环境的敏锐判断，明确自己的优势和劣势，准确把握该说什么、怎样说、说到什么程度。与人辩论，最能检验出一个人的综合能力。因此，要在辩论中胜出，必须拥有良好的综合能力，必须掌握各种辩论技巧：或先发制人，或迂回进攻，或出其不意，或抓住要害等等。

第八章 关爱尊重恰到好处——关心人的话要让人感动

关心人的话要以十二分的真诚去说，以关怀贴心的态度去说，就会让人感动不已。以诚待人，像是为自己植一棵树，给世界一片绿荫，给人心一片清凉。桃李不言，下自成蹊。鸟儿鸣唱枝头，笑语飘荡在你的每一个日子。

第九章 求人办事恰到好处——让他人乐意为你办事

　　求人办事绝不是一般人想象的那么简单。怎样把话说到位，选择什么样的时机说话等等，只有讲究说话的技巧，办起事来方能有的放矢、水到渠成。求人时应选择适当的话题以缩短与对方之间的距离，使自己逐渐被对方接受，随后才将话题引向自己的意图，这样才是成功之道。相反地，如果打一个招呼就开始讲自己的来意，迫不及待地反复强调自己的想法是如何如何，以及帮助自己有什么好处，这样往往事与愿违，因此有经验的求人者并不是一开始就切入正题的。

第十章 与不同的人说话恰到好处——到什么山唱什么歌

要说话，先要看准对象，他是愿意和你说话的人吗？如果不是，还是不说为好。这个时候，是你要说话的时候吗？如果时候不对，还是不说话的好。说话的成功与失败，诚然与你的说话技巧有关，而是否得其人、得其时，也影响着说话的成败。

第十一章 繁话简说恰到好处——说话啰唆招人烦

在说话中，务必学会长话短说，要"筛选"、"过滤"出最精辟的，恰如其分地表情达意的词句，尽可能以简短的话语表达出深刻的内涵。古人说："善辩者寡言。"在历史上，不少讲话大师惜语如金，出言不凡，驾轻就熟，言简意赅，留下了许多珍贵的篇章。

第十二章 是非曲直恰到好处——背后说人让人忌恨

聪明的人一定要管好自己的嘴，闲谈莫论人非。你可以做个好的倾听者，但是如果你知道自己管不住自己的嘴，那么最好不要随便加入到闲谈中，以免殃及自身。

目录

CONTENTS

第十三章 拒绝他人恰到好处——该说"不"时莫迟疑

会说话的人能够把握好说"不"的分寸和拒绝的尺度，哪个成功者不是知轻重、懂分寸、明尺度的人呢？反之，他们曾经跌过的跟斗、吃过的苦头、多走的弯路，很多都是由于自己的金口难开，不懂把握说"不"的分寸和拒绝的尺度。该说"不"时就说"不"，才不会被"不"所谋。通常所说的"掌握火候"、"划清界限"、"矫枉过正"、"过犹不及"、"欲速则不达"等等都是对说"不"的分寸和拒绝尺度的评述。

第一章
见面寒暄恰到好处
——寒暄的话要让人舒适

寒暄的话语，可在人际交往中打破僵局，缩短人际距离，向交谈对象表示自己的敬意，或是借以向对方表示乐于与其多结交之意。所以说，在与他人见面之时，若能选用适当的寒暄语，往往会为双方进一步的交谈，做良好的铺垫。

寒暄可减缓对方对自己的排斥

寒暄是人际关系沟通的一种最常用的交流方式。人们在初次见面的一刹那，便以人的本能判断对方。努力创造良好的第一印象，其后的人际交往才能顺利展开，这在人际交往的过程中起到非常重要的作用。

和人谈话的目的是为了相互沟通，若能以轻松、自然的态度与对方洽谈，对方会受你的感染，觉得你亲切而易于接近，这么一来，会有利于沟通。

（1）寒暄可消除对方的戒备心理。对方在面对陌生来访者的时候，一般会感到紧张和不安，更严重的是会产生对抗情绪，这时候一定要设法消除对方的戒备心理。这时寒暄可以作为你的开场白，恰当的寒暄可以让对方消除戒备心理，最起码不会让对方认为你有"不轨企图"。

（2）寒暄是一种重要的礼节。在人际交往的礼节中，寒暄占极为重要的地位。很多人认为，寒暄只是双方碰面时打招呼而已。早上见面互道一声"早安"，中午或者晚上问候一声"午安"或"晚安"，分手时说声"再会"。事实上，正确的寒暄必须在短短一句话中，明显地表露出你对他的关心。

切记，寒暄是建立人际关系的基石，也是向对方表示关心的一种行为。寒暄内容与方法得当与否，往往是决定一个人人际关系好坏的关键，所以要特别重视。

（3）寒暄对人的情绪有重要影响。寒暄可消除人的紧张情绪，使之有时间通过对对方的观察，决定自己所使用的策略。

当你在与对方初次见面打招呼时，试着尽量放开声音，大声寒暄，强有力地握住对方的手，开个无伤大雅的玩笑，豪爽地大笑，保证你一定会给对方留下一个良好的印象。

寒暄时应注意礼貌原则

世上有各式各样的人，每个人都有好恶之心，要跟任何人都能处得来实在很不容易，而你在人际交往中是否会成功，完全要看方法。

寒暄作为建立人际关系的基石，操作时一定要注意以下一些礼貌原则：

（1）恰当地称呼对方。称呼对方时要因人而异，最好要称呼对方的职务。反复地称呼会增加亲切感，但并不是一开始便反复称呼，而是在交谈中适当地运用。

（2）有礼貌。与他人首次见面，一定要礼貌性地寒暄一番，如此方能留给对方良好的印象。也就是说，你必须表现得谦恭有礼，适时说"早安"、"午安"、"晚安"，此乃交际的利器。

（3）要清楚地介绍自己。介绍自己时，要说清楚自己的姓名、所在的单位、目前的职务，而且要特别强调自己的专业。这样，一方面是让对方听清楚；另一方面也是郑重其事，以引起对方的重视。

（4）寒暄时要面带微笑。不懂得利用微笑实在是很不幸的。要知道，微笑在社交中能发挥极大的作用。无论在家里、在办公室，还是在途中遇见朋友，只要你不吝啬微笑，都会显现出意想不到的良好效果。所以有许多人，每天清早洗漱时，总要花个两三分钟的时间，面对镜子训练自己微笑，甚至将之视为每天的例行工作。

（5）要巧妙地称赞对方。恰如其分的称赞可以缩短与对方的心理距离。称赞要发自内心，要富有创意，不要鹦鹉学舌，人云亦云。机械地背诵或者言过其实，都会给人一种不舒服的感觉。

（6）要注意说好第一句话。对方在听第一句话时要比听第二句和后边的话认真得多。因此，同对方寒暄，要想好第一句话该讲什么，以达到吸引对方注意力的目的。

（7）要适时赞同对方的意见。一个人无论其年龄、地位的高低，他都是一个注重自我的人，假如你能适时称赞对方所说的话，一定可以赢得对方的好感。因为由于你的附和、赞同，表示出了你和对方意气相投，那么，他在感觉自己被认可之后，也会注意你。

（8）要及时转入正题。同对方寒暄几句之后，便应当及时转换话题。新的话题应当从何说起呢？此时的你应当心中有数。

（9）寒暄要言简意赅，注意掌握时间，不要越扯越长，忘记了自己沟通的目的。

称呼也是寒暄的一种礼节

与人谈话，称呼是必不可少的。在社交中，人们对称呼是否恰当十分敏感，尤其是初次交往，称呼往往影响交际的效果，有时因称呼不当会使交际双方发生感情上的障碍。不同时代、不同国家、不同地区、不同社会团体之间都有不同的称呼，但也有共同的称呼，如太太、小姐、女士、先生等。

有时候，称呼别人不是为了满足自己，而是为了满足别人。比如遇到一位新近被提升为主任的朋友，就应先跟他打招呼："主任，真想不到能在这儿见到你。"当他听到你跟他打招呼后，会显得格外高兴，即使平时他是个不太健谈的人，此时也一定会显得很健谈。

当瑞典国王卡尔·哥史塔福访问旧金山时，一位记者问国王希望自己怎么被人称呼。他答道："你可以称呼我为国王陛下。"这是一个简单明了的回答。

最重要的是，不论我们如何称呼他人，其中最主要的是要传达这样的意思："你很重要"，"你很好"，"我对你重视"。

使用称呼要注意主次关系及年龄特点。如果对多人称呼，应以先长后幼、先上后下、先疏后亲的顺序为宜。如在宴请宾客时，一般以先董事长及夫人，后随员的顺序为宜。在一般接待中要按女士们、先生们、朋友们的顺序称呼。使用称呼时还要考虑到心理因素，如对30多岁还没有结婚的人，就称其为"老张"或"老李"，很可能会引起他的不快。对没有结婚的女性称"太太"、"夫人"，她一定会很反感，但对已婚的年轻女性称"小姐"，她一定会很高兴。

除此之外，称呼应该根据社会习惯来进行。称呼一般分为职务称、姓名称、职业称、一般称、代词称、年龄称等。职务称，如董事长、经理、科长等；姓名称，一般以姓或姓名加同志、先生、女士、小姐；职业称，是以职业为特征的称呼，如医生、律师、法官等；一般称，如太太、女士、小姐、先生、同志、师傅等；代词称，用代词"您"、"你们"等来代替其他称呼；年龄称，主要是以亲属名词大爷、大妈、伯伯、叔叔、阿姨等来相称。

有的人可能会说，如何称呼是无所谓的事情，一带而过，谁会在意。事实果真如此吗？且别说外交或重大的社交场合，即使日常的迎来送往中，不称呼或称呼不当都会引起别人的不快，甚至会造成感情上的隔膜，有心人不能不对此有所警觉。

在职场上，最好不要直呼其名，也不要过分亲昵，更不要称呼其绰号，时刻以尊重为首则。称呼礼节是一个人修养、智商的综合表现，有些人莫名其妙地断送前程，追究起来可能就是在称呼上栽了跟头，吃了大亏。

寒暄要做到彼此交流

寒暄是为了让对方了解自己，以便达到相互沟通的目的，因此，在寒暄中要适时地表现自己、推销自己，让对方多了解你，进而喜欢并主动接近你。那么，选择什么作为寒暄中介绍自己的话题呢？

（1）谈谈生活中的心得。你可以和对方谈最近所看的报道、谈最近最新的新闻媒体统计等，从谈话中让对方感觉到你的内涵和修养。

（2）谈谈自己最近的经历。你可以和对方交换彼此的生活经历，也可交谈自己的生活挫折。如："我最近收到交通队3张罚单，这些日子好像抓得很厉害……"谈谈生活经历，借以缩短双方的距离。

（3）发掘对方的相关话题。在对方身上发掘肯定点也是非常重要的，对方桌子上摆的、墙上挂的、手上拿的物件都可以作为发掘对方肯定点的工具。

寒暄是很重要的，是人际关系最根本的润滑剂。要让寒暄显得得体，需要明白什么是成功的寒暄。对寒暄来说，如果能改变初次见面时生疏尴尬的气氛，把你的礼貌与善意准确地传达给对方，并且让对方产生与你结交的兴趣，那么这场寒暄无疑就是成功的。其中最关键的是要随时体会对方的反应，并根据他的反应对你的谈话内容做出调整。寒暄切忌自说自话，夸夸其谈，否则只能惹人讨厌。

我们在日常生活中，通常会登门拜访某人，所以可以这样寒暄：

"×先生，您有这么一位贤惠的太太，难怪笑口常开。"这样双方都赞美到了。诸如此类，可以从各种不同的角度寻找话题，达到寒暄的目的。

（1）从参加的具体活动上寻找寒暄的话题。有时候，你去拜访对方，他们可能正在激烈地谈论一场球赛。如甲A、世界杯等赛事，都是很好的题材。你从中肯定对方的独到眼光，从而找到共同话题，不是很好吗？

（2）从面相上寻找寒暄的话题。应该承认，很多人相信面相、命运，相信从一个人外观的形象，往往能看出他未来的发展。所以面相是赞美对方的很好的话题，比如对方的鼻子、耳朵、长相，都可以找到肯定点："陈先生，您的耳垂这么大，晚年一定大富大贵。""您的印堂发亮，我看您今年要发了。"他有哪方面的特征，你就从哪方面去寻找肯定点。

只要我们用心去体会、去把握，就一定能与对方热情友好地交往，并建立起良好的关系。

交谈中要学会没话找话的本领

不善言谈者在交际场中很容易陷入尴尬局面。要想成为说话的高手，首先必须掌握善于没话找话的诀窍。

其实，与人交谈的过程同样也是这样。在交谈中要学会没话找话。所谓"找话"就是"找话题"。写文章，有个好题目，往往会文思泉涌，一挥而就；交谈，有了好话题，就能使谈话融洽自如。好话题，是初步交谈的媒介、深入细谈的基础、纵情畅谈的开端。好话题的标准是：至少有一方熟悉，能谈；大家感兴趣，爱谈；有展开探讨的余地，好谈。

那么，怎么才能找到对方感兴趣话题呢？我们教你几招这方面的谈话策略。

（1）中心开花

当你面对众多的陌生人，要选择众人关心的事件为话题，把话题对准大众的兴奋中心。这类话题必须是大家想谈、爱谈又能谈的，人人有话，自然能说个不停了，以至引起许多人的议论和发言，导致"语花"飞溅。

（2）借兴引入

巧妙地借用此时、此地、此人的某些材料为题，借此引发交谈。有人善于借助对方的姓名、籍贯、年龄、服饰、居室等等，即兴引出话题，常常会取得好的效果。"即兴引入"法的优点是灵活自然，就地取材，其关键是要思维敏捷，能作由此及彼的联想。

（3）投石问路

向河中投块石子，探明水的深浅再前进，就能有把握地过河；与陌生人交谈，先提一些"投石"式的问题，在略有了解后再有目的地交谈，便能谈得更为自如。如在聚会时见到陌生的邻座，便可先"投石"询问："你和主人是老乡呢？还是老同学？"无论问话的前半句对，还是后半句对，都可循着对的一方面交谈下去；如果问得都不对，对方回答说是"老同事"，那也可谈下去了。

（4）由兴趣入题

问明陌生人的兴趣，由兴趣开始发问，能顺利地进入话题。如对方喜爱象棋，便可以此为话题，谈论有关象棋方面的事情，车、马、炮的运用，等等。如果你对下棋略通一二，那肯定谈得更投机。如你对下棋不太了解，那也正是个学习机会，可静心倾听，适时提问，借此大开眼界。

引发话题方法很多，诸如"借事生题"法、"即景出题"法、"由情入题"法，等等。可巧妙地从某事、某景、某种情感，引发一番议论。引发话题，类似"抽线头"、"插路标"，重点在引，目的在导出对方的话茬儿。

（5）缩短距离

力求在短时间内了解得多些，缩短彼此的距离，力求在感情上融洽起来。孔子说："道不同，不相为谋。"志同道合，才能谈得拢。我国多有"一见如故"的美谈，陌生人要能谈得投机，要在"故"字上做文章，变"生"为"故"。这也有不少方法：

①适时切入。看准情势，不放过应当说话的机会，适时插入交谈，适时地"自我表现"，能让对方充分了解自己。

交谈是双边活动，只了解对方，不让对方了解自己，同样难以深谈。陌生人如能从你"人"式的谈话中获取教益，双方会更亲近。适时切入，能把你的知识主动有效地献给对方，实际上符合"互补"原则，奠定了"情投意合"的基础。

②借用媒介。寻找自己与陌生人之间的媒介物，以此找出共同语言，缩短双方距离。如见一位陌生人手里拿着一件什么东西，可问："这是什么？……看来你在这方面一定是个行家。正巧我有个问题想向你请教。"对别人的一切显出浓厚兴趣，通过媒介物引发他们表露自我，交谈也会顺利进行。

③留有余地。留些空缺让对方接口，使对方感到双方的心是相通的，交谈是和谐的，进而缩短距离。因此，和陌生人的交谈，千万不要把话讲完，而应是虚怀若谷，欢迎探讨。

总之，在办事的时候，我们难免会遇到一些僵局，要想顺利解决事情，就应该善于寻找对方感兴趣的话题，打破一切僵局。

　　没话找话说的关键是要善于找话题，或者根据某事引出话题。因为话题是初步交谈的媒介，是深入细谈的基础，是纵情畅谈的开端。没有话题，谈话是很难顺利进行下去的。

第二章

幽默玩笑恰到好处
——营造轻松和谐的沟通氛围

生活压力大，朋友、同事之间相互调侃、幽默一下，也许是放松自己、改善彼此关系的一剂良药，但是幽默玩笑可不是闹着玩的事，弄不好玩笑成了"完笑"。适当的幽默玩笑是对死气沉沉的空间进行必要的"补氧"，机智幽默的玩笑的确能化干戈为玉帛。沟通是多方面的，只在有事的情况下，有一说一，公对公地交流，未免有些干涩，但幽默玩笑可以将周围的人吸引到你身边来。同时，幽默玩笑也是转换器，可以将痛苦转化为欢乐，将烦闷转化为欢畅，每个人都喜欢与机智幽默的人做朋友，而不情愿与忧郁沉闷，呆板木讷的人交往。

幽默语言胜过伶牙俐齿

幽默具有无穷的力量，有时甚至会超过伶牙俐齿。幽默的力量可用来释放你自己，使你的精神超脱尘世的种种烦恼。幽默可增加你的活力，使生活多一点情趣。幽默的力量能使你令人难忘，同时给人以友爱与宽容。除此以外，幽默还能润滑现实，超越用其他方法无法超越的限制，委婉表达自己的观点。

由于他人的妨碍，无法把工作做好，如果直言指出，又怕产生矛盾，这时采用委婉的幽默方式也许能达到目的，运用幽默的力量去清扫成功道路上的障碍。

一天，索罗斯敲开邻居家的门，微笑地说："请把您的收录机借给我用一个晚上好吗？"

"怎么，你也喜欢晚间特别节目吗？"

"不，我只想夜里能够安安静静地睡上一觉。"

有幽默感并且在事业中功成名就的人，会经常接收到来自他人的幽默，同时也常常以幽默的力量回报对方。因此这些人能够在交际中缩短与普通人沟通的距离，其成功的宝座也会越坐越稳。

查理在一家公司工作，他常常在工作时间去理发店。

一天，查理正在理发，碰巧遇见了上司。他想躲，可上司就坐在他的邻座上，而且已经认出了他。

"好啊，查理，你竟然在工作时间来理发，这是违反公司规定的。"

"是的，先生，我是在理发。"他镇定自若地承认，"可是你知道，我的头发是在工作时间长的呀。"

上司一听，不禁乐道："难道都是在工作时间长的吗？"

"是的，先生，您说得完全正确。"查理答道，"可我并没有把头发全部剃掉呀！"

不论语言的正确与否，单就这充满幽默力量的对答就体现出员工的信心与机智，他相信，与自己的上司开个玩笑是在当时情况下处理尴尬局面的最好方式。

与你的下属一起快乐，并不是以你自己为中心，而是以关心他人的方式来邀请他和你一起笑，进而引发足以激励他人的幽默力量。

经理叫新聘女秘书笔录一封信给旅行中的太太。当她把信写好给他看时，他发现漏了最后一句"我爱你"。

经理："你忘了我最后的话。"

女秘书："不！我没有忘记，我还以为你那句话是对我说的呢！"

正如每一位下属把自己的将来交给自己的上司一样，每一位经理和居于领导地位的人，也都把他的将来交在属下的手中。当你运用幽默力量去帮助别人更有成就时，你会发现不仅更容易将责任托付给他人，而且能更自由地去发展有创意的进取精神。幽默的力量能改善你的将来，因为你的属下、同事会认同你，感谢你坦诚开放的态度，和你一起笑，对任何事情都持乐观态度，以轻松的心情面对自己的能力。

职员："老板！"

老板："什么事！"

职员："我老婆要我来要求您提拔我。"

老板："好吧！我今晚回家问问我老婆是否同意提拔你。"

这是以其人之道，还治其人之身。幽默的背后蕴含鞭策，通过对自己的取笑来达到激励对方积极向上的目的。

幽默的力量是属于你自己的，是你和你在人生中所扮演的角色所拥有的。这种力量能使人解脱，它使我们自由自在地表现自己，表达我们的想法，并表露我们的感受，而得以自由地去冒险，表现不平凡的作为，创造有意义的人生。

第一章 幽默玩笑恰到好处——营造轻松和谐的沟通氛围

- 13 -

学会利用幽默的力量

　　每一个有经验的管理者都知道，要使身边的下属能够和自己齐心协力，就有必要将自己的形象人性化。

　　有一位年轻人新近当上了董事长。上任的第一天，他召集公司职员开会。他自我介绍说："我是杰利，是你们的董事长。"然后打趣道："我生来就是个领导人物，因为我是公司前董事长的儿子。"参加会议的人都笑了，他自己也笑了起来。他以幽默来证明他能以公正的态度来看待自己的地位，并对之具有充满人情味的理解。实际上他委婉地表示了：正因为如此，我更要跟你们一起好好地干，让你们改变对我的看法。

　　如果你对自己幽默的手法没有足够的自信，不妨学学孩子式的幽默。即使在 50 岁以后，我们也经常为孩子们由天真而产生的幽默所感动。他们是真正以坦诚待人，不会隐瞒任何事实的人。当他们毫不掩饰地道出心里想的或事实真相时，人们一下子就会喜欢上他们，跟他们在一起会感到跟任何人在一起都无法感到的轻松、愉快。

　　有一次，李卡克在家里请几位朋友吃饭。朋友来了，他妻子要他的小女儿向客人说几句欢迎的话。她不愿意，就说："我不知道要说些什么话。"这时一位来做客的朋友建议："你听到妈妈说什么，你就说什么好了。"小女儿点点头，说："老天！我为什么要花钱请客？我们的钱都流到哪里去了？"李卡克的朋友们大笑起来，连他妻子也不好意思地笑了。

　　这就是孩子式的幽默。他女儿把母亲的想法以极纯真的方式说了出来，使大人们也不得不认真地检讨一下自己的想法，同时也减轻了我们对金钱方面的忧虑。李卡克从中得到了一点东西：孩子式的幽默能使我们显得格外真诚。

为了取得理想的效果，幽默时要特别注意以下两点：

（1）幽默必须真实而自然。我们经常看到和听到一些政治家们的幽默言行。他们大多把幽默的力量运用得十分自如，真实而自然。没有耸人听闻，也不哗众取宠，更不是做戏。这是因为，他们都知道太精于说妙语和笑话，对个人的形象并无帮助。

（2）敢笑自己的人才有权力开别人的玩笑。海利·福斯第说："笑的金科玉律是，不论你想笑别人怎样，先笑你自己。"

笑自己的观念、遭遇、缺点乃至失误，有时候，还要笑笑自己的狼狈处境。

有人对一位公司董事长颇反感，他在一次公司职员聚会上，突然问董事长："先生，你刚才那么得意，是不是因为当了公司董事长？"

这位董事长立刻回答说："是的，我得意是因为我当了董事长。这样我就可以实现从前的梦想，亲一亲董事长夫人的芳容。"

董事长敏捷地接过对方取笑自己的话题，让它对准自己，于是他获得了一片笑声，连那位发难的人也忍不住笑了。

幽默的力量是你以愉悦的方式表现出来的，表达出你个人的真诚，心灵的善良，你对别人、对生活的爱心。如果你能够真正掌握幽默这种力量，那你也就会有不平凡的作为，创造出更有意义的人生。

幽默也要恰当地说

人际交往过程中，尖刻伤人的话招人恼，陈词滥调则惹人烦，但同时也不能走向另一个极端：不分对象，不看场合，滥用幽默。幽默的语言都可算"好话"，可好话"坏"说照样收不到好的效果。

再好的东西多了也会贱卖。幽默是大家都喜欢的语言"调料"，但如果放多了，放的不是地方，恐怕也会"呛嗓子"。

在沟通中，要想灵活使用幽默的技巧，就需要具有一定的智慧。对于一个才疏学浅、举止轻浮、孤陋寡闻的人来说，是很难生出幽默感来的。具体来说，产生幽默的条件至少应具备以下几个方面：广博的知识和深刻的社会经验，敏锐的洞察力和想象力，高尚优雅的风度和镇定自信、乐观轻松的情绪，良好的文化素养和语言表达能力。

但是人们都知道，任何调味料都不可滥用，就好比用盐：用量合适可以使菜味鲜美；用量太多，便会难以下咽；用的太少，则食之无味。我们在使用幽默技巧时也切忌滥用，用多了照样会伤害别人，其效果便会适得其反。

萧伯纳少年时已很懂得幽默，人又聪明，所以出语尖刻，人们若是遭他说上一句，便有"体无完肤"之感。有一次，他的一位朋友在散步时对他说："你现在常常出语幽默，不错，非常可喜。但是大家总觉得，如果你不在场，他们会更快乐，因为他们都比不上你，有你在，大家便都不敢开口了。自然，你的才干确实比他们略胜一筹，但这么一来，朋友将逐渐离开你，这对你又有什么益处呢？"朋友的这番话，使萧伯纳如梦初醒，从此他立下誓言，改掉滥用幽默的习惯，而把这些天才发挥在文学上，终于奠定了他在文坛上的地位。

使用幽默一方面要看准对象，另一方面还要抓住时机。发挥幽默也需要"素材"，比如场合、情境等，这些就像我们所说的"机遇"一样，可遇而不可求，关键在于我们能否随机应变。

千万不要为幽默而幽默，那会显得生硬、不合时宜、不伦不类，不但不能成为我们沟通的重要方式，反而还可能增加我们沟通的不快。

用幽默拉近你和他人之间的距离

我们在个人生活中，总是不断地、交替地扮演着主人和客人的角色，因此我们有可能要去应付不合理的要求、令人不快的行为或者闹得不像话的场面。

有人想平息餐桌上的争论，他提了一个十分意外的问题："诸位，刚才是一道什么菜？大概是鸡！""是的。"一位客人回答道。"一定是公鸡！"这人一本正经地说，"原来是鸡在作祟，难怪大家要斗起来。"说完他举起酒杯："来点灭火剂吧，诸位！"一场餐桌上的争战顷刻间平息了。

有时候为了化解困境，没有任何合适的方式，只有依靠幽默的力量。

当百货公司大拍卖，购物的人又推又挤的时候，每个人的脾气都犹如枪弹上膛，一触即发。有一位女士愤愤地对结账小姐说："幸好我没打算在你们这儿找'礼貌'，在这儿根本找不到。"结账小姐沉默了一会儿，说："你可不可以让我看看你的样品？"那位女士愣了片刻，笑了。

作家欧希金也曾以幽默摆脱了一次困境。他在他的《夫人》一书中，写到了美容产品大王卢宾丝坦女士。后来在一次他自己举行的家宴中，一位客人不断地批评他，说他不应该写这种女人，因为她的祖先烧死了圣女贞德。其他客人都觉得很窘，几度想改变话题，但是都没有成功。谈话越来越令人受不了，最后欧希金自己说："好吧，那件事总得有个人来做，现在你差不多也要把我烧死啦。"这句话马上使他从窘境中脱身出来，随后他又加上一句妙语："作家都是他的人物的奴隶，真是罪该万死！"

幽默作家班奇利，在一篇文章中谦虚地谈到他花了 15 年时间才发现自己没有写作的才能。结果一位读者来信对他说："你现在改行还来

第二章

——营造轻松和谐的沟通氛围

幽默玩笑恰到好处

得及。"班奇利回信说："亲爱的，来不及了。我已无法放弃写作了，因为我太有名了。"这封信后来被刊登在报纸上，人们为之笑了很长时间。事实是班奇利的幽默作品闻名遐迩，但他没有指责那位缺乏幽默感的读者。他以令人愉悦的、迂回的方式回答了问题，既保护了读者可爱的自尊心，也保护了自己的荣誉。

许多著名人物，特别是演员，都以取笑自己来达到双方完满的沟通。他们利用一般人认为并不好看的外貌特征来开自己的玩笑，如玛莎蕃伊的"大嘴巴"。有一位发胖的女演员，拿自己的体态开玩笑说："我不敢穿上白色泳衣去海边游泳。我一去，飞过上空的美国空军一定会大为紧张，以为他们发现了古巴。"

笑自己的长相，或笑自己做得不太漂亮的事情，会使你变得较有人情味。如果你碰巧长得英俊或美丽，要感谢祖先的赏赐。同时也不妨让人轻松一下，试着找找自己的缺点。如果你真的没有什么有趣味的缺点，就去虚构一个，缺点通常不难找到。

如果你讲话生硬、面无表情会让人产生一种戒备感，这样不仅会影响与他人的正常交流，也听不到他人真实的想法。要想吸引别人就要学会主动沟通，幽默的方式会拉近人与人之间的距离，产生共鸣，和善、幽默的人比较让他人容易接受。

幽默要适度，并且要得体

人际交往中，开个得体的玩笑，可以松弛神经，活跃气氛，创造出一个适于交际的轻松愉快的氛围，因而诙谐的人常能受到人们的欢迎与喜爱。但是，玩笑开得不好，则适得其反，伤害感情，因此开玩笑要掌握好分寸。

（1）内容要高雅。笑料的内容取决于玩笑者的思想情趣与文化修养。内容健康、格调高雅的笑料，不仅给对方启迪和精神的享受，也是对自己美好形象的有力塑造。钢琴家波奇一次演奏时，发现全场有一半座位空着，于是他对听众们说："朋友们，我发现这个城市的人们都很有钱，我看到你们每个人都买了两三个座位的票。"于是这半屋子听众放声大笑。波奇无伤大雅的玩笑话使他化解了自身的尴尬。

（2）态度要友善。与人为善是开玩笑的一个原则。开玩笑的过程，是感情互相交流传递的过程，如果借着开玩笑对别人冷嘲热讽，发泄内心厌恶、不满的情绪，那么除非是傻瓜才识不破。也许有些人不如你口齿伶俐，表面上你占了上风，但别人会认为你不尊重他人，从而不愿意再与你交往。

（3）对象要分清。同样一个玩笑，能对甲开，不一定能对乙开。人的身份、性格、心情不同，对玩笑的承受能力也不同。

如果对方性格外向，能宽容忍耐，玩笑稍微开大些也能得到谅解。如果对方性格内向，喜欢琢磨言外之意，开玩笑就应慎重些。如果对方平时生性开朗，若恰好碰上不愉快或伤心的事，也不能随便与之开玩笑。相反，如果对方性格内向，但正好喜事临门，此时与他开个玩笑，效果会出乎意料地好。

开个得体的玩笑，可以松弛神经，活跃气氛，创造出一个适于交际的轻松愉快的氛围。但开玩笑不能过分，尤其要分清场合和对象。

幽默能让对方的说法不攻自破

弗洛伊德说："最幽默的人，是最能适应的人。"

人生常常有许多尴尬的时刻，在那一瞬间，我们的尊严被人有意或无意冒犯，或者被喜欢恶作剧者当众将了一军。此时，有的人感到自己丢尽了脸面，无地自容，恨不能把头扎进裤裆里去。可是有些人却不，他们会面不改色、从容自若地谈笑如故，将有伤自己脸面的难局一一化解，著名电影导演希区柯克有一次拍摄一部巨片。这部巨片的女主角是位大明星、大美人。可她对自己的形象"精益求精"，不停地唠叨摄影机的角度问题。她一再对希区柯克说，务必从她"最好的一面"来拍摄，一定得考虑到她的要求。

"抱歉，我做不到！"希区柯克大声说道。

"为什么？"

"因为我没法拍你最好的一面，你正把它压在了椅子上！"

面对别人苛刻的意见和要求，恰当地回敬对方一个幽默，能够巧妙地表明你的看法和立场，而且不至于让场面过分尴尬。同样，当别人故意找茬，妨碍你工作的时候，运用幽默的力量也能够有效地处理好眼前的问题。

幽默是一种智慧的表现和心态的放松，人投身于社会中，总会遭遇无数的痛苦、悲伤以及困苦，如果你善于运用幽默的力量，能够主动地创造幽默，那么世界一定会充满了欢笑，也可以化解不少的纷争。

面对别人的一些不适当的言行，处处针锋相对，只会让矛盾越积越深，而运用幽默的力量，则能够打破紧张的局面，使自己和对方的各种各样不愉快的心情，顷刻间烟消云散。而且凭着你的幽默风格，你还可以同别人建立起一种良好的关系，受到别人的喜爱和支持，做起事来自然事半功倍。

幽默是口才的"软黄金"

幽默在评价口才时所占的分量是毋庸置疑的，作为思想、学识、智慧和灵感在语言运用中的结晶，幽默是一瞬间闪现的光彩夺目的火花。

有一次，一个不明来历的学者来看苏东坡，他带着一本诗册，希望听听苏东坡的意见。他朗读着自己的诗作，音调抑扬顿挫，露出洋洋得意的神态。

"大人觉得我的作品如何?"他问道。

"可得十分。"苏东坡答道。

这位学者听得面带喜色。

苏东坡又说："诗有三分，吟有七分。"

苏东坡以幽默的话语婉转地批评其作品的低劣，使听者有回味反省的余地。

不难看出，幽默是自觉地用表面的滑稽、形式的逗笑，实则是以严肃的态度对待对象、现象和整个世界。

一个社会不能没有幽默。有人形象地说："没有幽默感的语言是一篇公文，没有幽默感的人是一尊雕像，没有幽默感的家庭是一间旅店，而没有幽默感的社会是不可想象的。"拥有了幽默感的作品便会显得绘声绘色，有时还会令受众如醉如痴。在《红楼梦》中，刘姥姥的幽默引出的"群笑图"，堪称是"千古之笑"。文中描述道：凤姐偏拣了一碗鸽子蛋，放在刘姥姥桌上。贾母这边说声："请!"刘姥姥便站起身来，高声说道："老刘老刘，食量大如牛；吃个老母猪，不抬头!"自己却鼓着腮帮子不笑。众人先还发怔，后来一听，上上下下都哈哈大笑起来。湘云撑不住，一口茶都喷了出来。林黛玉笑岔了气，伏在桌子上直叫"哎哟"。宝玉滚到贾母怀里，贾母搂着叫"心肝"。王夫人笑用手指着凤姐儿却说不出话来……刘姥姥的一则笑话令众人捧腹不止，而众人也在笑声中交流和深化了感情。可见，幽默与笑是情同手足的姊妹，高尚的幽默是交际的润滑剂、智慧的推进器。

雅典的首席执政官听说哲学家保塞尼亚斯是个能言善辩的人，于是这位首席执政官便派人把保塞尼亚斯找到贵族会议上来，并对他说：

幽默玩笑恰到好处

——营造轻松和谐的沟通氛围

"贵族会议的成员，每人都有一个问题要问你，你能用一句话来回答他们所有的问题吗？"

保塞尼亚斯不假思索地说："那要看看是什么问题。"

议员们接连不断地提出了几十个不同的问题。当问题提完后，保塞尼亚斯还是不假思索地回答："我全不知道！"

含笑谈真理，何乐而不为？这位哲学家用幽默式的谦虚避免了言多必失的尴尬，避免了为自己惹上麻烦，他也用自己的一句话诠释了笑的哲学。

有人说："笑是力量的亲兄弟。"正所谓笑可以缓解人们的情绪，能表达出人类征服忧患的能力，也能增进人们的友谊、信任和联系，而幽默的笑则是一种有趣的、高尚的、会心的、意味深长的笑。在演说谈话中，一些就地取材的谐趣语言、灵机一动的理智闪光、不露痕迹插进的成语典故和幽默笑谈，既使讲话者调节了节奏，也使听者解除了疲劳，从而给人以美的享受。

在人际交往中，当矛盾发生时，对于那些缺少幽默感的人，会把事情弄得越来越糟；而幽默者则能使交际变得更顺利、更自然。幽默是一种优美的、健康的品质，一个幽默过人的人，往往在悲苦时会显得轻松，欢乐时会显得含蓄，危险时显得镇静，讽刺时不失礼数，孤独时不绝望。

不仅如此，幽默还可作为一种避免得罪人的"火力侦察"。当一个人准备向自己的友人提出某项要求又摸不准对方态度时，可用幽默之语"放气球"，若对方由于某种原因不能或不愿满足你的要求时，可以用开玩笑的方式加以推脱，这样就不至于因为拒绝而陷于尴尬境地，双方的自尊心也都不会受到伤害；若以幽默含蓄的方式提出的要求被对方应允了，则可以继而转入进一步的讨论，落实此事就不在话下了。

老舍先生说过："幽默者的心是热的。"幽默的语言能使矛盾的双方摆脱困境，使僵局"稀释"并在笑语中消逝。英国戏剧家萧伯纳堪称幽默大师。有一天，年迈的萧伯纳在街头被一辆自行车撞倒了，虽然没发生可怕的事故，但毕竟这一惊吓非同小可。骑车者立即扶起戏剧家，并连连地大声向他道歉。萧伯纳打断了他，说道："不，先生，您比我更不幸。要是您再加点儿劲，那就可以作为撞死萧伯纳的好汉而永远名垂史册啦！"萧翁这几句戏语使本来紧张的气氛倏地消失于嬉笑之中。

有的幽默能让人在忍俊不禁的大笑后引起思索，体会到其中蕴涵的哲理；有的幽默又能在人们嬉笑之后引以为自省。有一次，生物学家格瓦列夫在讲课，突然，一个学生在下面学鸡叫，课堂里顿时一片哄笑。这时，格瓦列夫却镇定自若地看了看自己的挂表，不紧不慢地说："我这只表误事了，没想到现在已是凌晨。不过请同学们相信我的话，公鸡报晓是低等动物的一种本能。"这种"张冠李戴"的幽默式批评，对学生们起到了警策的作用。

此外，幽默还有稳定情绪、减低愤怒、化险为夷的功能。在一个团队中，假如即将爆发尖锐的冲突，这时如果有人插科打诨，运用几句妙趣横生的言辞，则很可能化干戈为玉帛，使剑拔弩张成为过眼烟云，从而避免发生一场"针尖对麦芒"的交锋。

一个人的语言可以像优美的歌曲，也可以像伤人的邪火。幽默机智的话能给人以喜悦满足之感，在社交中适地适时地运用幽默将会使人们的关系更加和谐、亲切。可以说，幽默是人类特有的天赋，幽默与智慧相伴。古往今来，许多智者都不乏幽默感，他们的智趣中蕴涵幽默，幽默中含有机智，正如俄国文学家契诃夫所说："不懂得开玩笑的人是没有希望的人！这样的人即使额高七寸、聪明绝顶，也算不上真正有智慧的人。"

怎样才能成为一个幽默的讲话者呢？简单地讲，就是说话时往往不用陈词套话，而要绕个弯子用俗语、谚语、外来语，或用比喻、比拟、反语、双关、移用等来表达。语言学家林语堂就很风趣："女士们、先生们：我觉得，绅士们的演讲，应该像女人们的裙子，越短越好……"我们在日常生活中，只要不满足于"惯性表达"，善于说话前先在脑子里打个"弯"，这时说出来的话也许就俏皮得多。说一个人思想很保守，不听劝，显得很僵硬，而说"他呀，榆树疙瘩，不开窍"，就风趣得多。

在交际场合，富于幽默感是令人羡慕的。妙语连珠、谈笑风生，很容易接通感情的热线。并且在许多情况下，幽默还是化解困境的良药。

幽默在闲暇交谈中尽显个人风采

闲暇交谈，是指完全为了消遣、娱乐所进行的交谈。交流的双方或多方能在轻松交谈中密切相互之间的关系，因其谈话氛围比较轻松，谈话过程中最适合也最容易融入幽默成分。闲暇交谈中可以充分利用重复、夸张、错置等各种幽默手段，尽显个人幽默风采。只是在和长辈、异性进行闲暇交谈时，要注意礼节和分寸，不要损及对方的尊严。

科学家、政治家等往往会给人一种理性刻板的印象，但实际上，他们也往往是和蔼可亲的，在他们的言谈中，闲暇交谈的幽默俯拾即是。

著名科学家爱因斯坦风趣幽默。一次，由他证婚的一对年轻夫妇带着小儿子来看他。孩子刚看了爱因斯坦一眼就号啕大哭起来，弄得这对夫妇很尴尬。幽默的爱因斯坦却摸着孩子的头高兴地说："你是第一个肯当面说出你对我的印象的人。"

在晚辈来做客的轻松气氛下，爱因斯坦幽默的言谈并没有损及他自己的面子，反而活跃了气氛，使来看望他的这对夫妇能在一种轻松自然的气氛中和他交流，融洽了主客双方的关系。

一般情况下，在两个十分要好的朋友之间的闲暇交谈，运用语言善意地捉弄对方的方式较为司空见惯。比如朋友弄了个不伦不类的发型，你可以说："妙哉，此头誉满全球，对外出口，实行三包，欢迎订购。"下面是一段朋友间的幽默对话。

一个男人对一个刚刚相遇的朋友说："我结婚了。"

"那我得祝贺你。"朋友说。

"可是又离婚了。"

"那我更要祝贺你了。"

朋友间往往无话不谈，因此能够产生幽默的话题也很多。如朋友普通话不好，把"峨眉山"读作"峨毛山"，你就可多次重复"峨毛山"。夸大朋友的错话也极幽默，朋友错把黄鹤楼说成在湖南，你可说："不，在越南！"朋友之间的闲暇交谈，有时候会用说大话的方式进行，这种方式也能产生很好的幽默效果。

一天晚上，小明和弟弟没事干，便吹起了牛。

小明说："我发现我现在有恐高症，都不敢低头看自己的脚！我也真是太高了。"

弟弟说："那算啥！今天我在外面坐着看书，突然有一架飞机从我耳边飞过，我一看，原来是一架波音777。"

夫妻间的交谈大多数属于闲暇交谈，即使是商讨某些事情，他们的交谈也往往带有娱乐性。此类交谈可以夹杂些幽默以调节气氛。

一位丈夫要到广东出差半年，妻子半开玩笑地对他说："你到了那个花花世界，说不定会看上别的女人呢！"

丈夫笑了，幽默地说："你瞧瞧我这副尊容，猪腰子脸、罗圈腿、小眼睛、大鼻子、扇风耳，走到人家面前，怕是人家看都不看一眼呢。"

说得妻子扑哧一笑。

丈夫轻松随意的自嘲，隐含着让妻子放心的意思，这比一本正经地发誓，更富有诗意和情趣。

幽默的闲暇交谈，能营造出更加轻松随和的谈话气氛，促进交谈者推心置腹地进行交流。

做人的工作，幽默是最好的情感润滑剂。说服中有了幽默，会让艰难的思想工作变得轻松；劝导中有了幽默，会让固执己见的人笑纳意见；谈判中运用幽默，会让剑拔弩张的对手握手言欢。幽默的情感力量的确令人难以拒绝。

第三章

赞美恭维恰到好处
——好听的话更能引起共鸣

一句真心的赞美，多过任何以金钱和虚荣为形式的伪装。适当的恭维，会令人欢心地感受到你的友善。如同艺术家在把好听的话语带给别人时感到愉快一样，赞扬和恭维不仅给听者，也给自己带来极大的愉快。它给平凡的生活带来了温暖和快乐，把世界的喧闹变成了音乐。有人说，赞美与恭维是一把火炬，在照亮他人生活的同时，也照亮了自己的心田。赞美与恭维，有助于发现被赞美者的美德，推动彼此之间的友谊健康地发展，还可以消除人与人之间的龃龉和怨恨。

赞美能最快地改变你与他人的关系

在现实生活中，赞美不仅仅是一种现象，还是一门学问，更是一种艺术。

马克·吐温曾经说过："一句精彩的赞辞可以代替我十天的口粮。"

赞美别人，其实是一种智慧、一种策略，是人际关系至高无上的"润滑剂"。而且这种美丽的言词又是免费供应，如此"于人有利、于己无损而有利"的事，又何乐而不为呢？

赞美他人是一种博取好感和维系好感最有效的方法。

美国前总统威尔逊在竞选民主党总统候选人的时候，就采用过赞美的方法：有人发布威尔逊多年以前所写的一封信，在那封信里，他表示要将某议员打得一塌糊涂。那位议员对他的态度自然是冷若冰霜，并且发狠要采取敌对的攻击性行动。在信件发布以后不久，在华盛顿的某一场宴会中，那位议员也在座，威尔逊在他的演说辞里，对那位议员的品格和他所有博得名誉的缘由赞誉备至。过了不久，威尔逊又和该议员碰面了，那位议员与原来判若两人，对威尔逊十分热情、客气，并在竞选中支持了威尔逊。让这位议员改变立场或敌对情绪的正是威尔逊的赞美，因为赞美而融化冰霜并让他们彼此产生英雄相惜的感情。

可以说赞美他人是博得他人好感、获得他人赞同的一把金钥匙。有时候把赞扬送给别人，就像把食物施给饥饿的乞丐，能救人一命。在许多时候，它就像维生素，是一种最有效果的营养。

无论如何，人总是喜欢别人奉承的。有时，即使明知对方讲的是奉承话，心中还是免不了会沾沾自喜，这是人性的弱点。换句话说，一个人受到别人的夸赞，绝不会觉得厌恶，除非对方说得太离谱了。

赞美，既是一种至高的说话技巧，也是增进人们之间情感的重要桥梁，把赞语挂在嘴边，你会发现，你身边的敌人越来越少。

赞美是最好的交际方法

赞美别人是交际高手的杀手锏，它们会在无形之中给人一种飘飘然的感觉，而这种感觉会让人们在无形中认为对方是一个值得自己信任的人，并且乐意与对方交往，乐意和对方说心里话，这就是赞美的力量。其实"赞美"并不是交际高手的独门绝技，而是一门处世艺术，谁都可以学，并且只要用心，谁都可以学得很快、做得很好的。

在人际交往中，赞美不仅仅表示对对方的认同和好感，更是一种积极的生活态度和行为的体现。其方式可以通过语言表现，也可以通过一系列的行为来表现。目的只有一个——表达出对别人的优点和长处的肯定和喜爱。虽然人们对这种处世艺术并不陌生，可是真正善于赞美别人的行家毕竟是少数，因此还是需要通过进一步的学习来完成。

有这样一个故事：报纸上刊登了一家公司招聘员工的信息，有一个人前去应聘。他事先打听到这家公司的总经理一些过去的情况，一见面就对那位总经理说："我十分荣幸能在这里工作，我更愿意追随您左右！因为我知道在十几年前，这个办公室里只有一台打字机和一个职员，经过您的艰苦奋斗和努力经营，才能成就今天这样伟大的事业，这多么令人敬佩啊！"

那位经理本来对应聘的人大都瞧不上眼，所以应聘的人虽然络绎不绝，结果都扫兴而归。可是听这个人这么一说，正中那位经理的下怀，引起了他很大兴趣，于是就向这个人大讲自己的奋斗历史。那经理一谈起自己的成功史，就兴高采烈、眉飞色舞，这个人只是在旁边侧耳恭听，满是敬佩。谈了半晌，那经理也没有问他的学历、技能，就对坐在旁边的副经理说："我看这位小伙子很不错，我们就定下要他吧。"这个应聘岗位，就在这个人赞美和倾听的过程中，稳稳地拿到了手！

兵家有一句话说得好："兵在精而不在多！"其实人际交往中说话也是如此，不在于你说多少，而在于你能说得恰如其分。能做到这样，就说明你掌握了人的一个心理：人们都喜欢说自己的长处和优点，所以也就喜欢说自己好话的那个人，不喜欢那些夸夸其谈，甚至是"老王卖瓜"式自卖自夸的人。

法国大哲学家洛士佛科说："与人谈话，如果自己说得比对方好，便会化友为敌；反之，如果让对方说得比自己好，那就可以化敌为友了！"这句话真是说得一针见血，实际情况也正是如此：如果我们总是夸自己的长处，并陶醉其中，让别人觉得你像个伟人，那么别人就会对你产生一种反感，也会使你失去继续交往的先机。这个时候，你不妨多谦逊一下，并且不忘赞美对方一番。这样一来，自然很容易获得对方的同情与好感。因为对一般人来说，大都有一种"嫉强怜弱"的心理。

《红楼梦》中讲到香菱（薛蟠之妾）随薛姨妈进入大观园后，很是羡慕宝钗、黛玉、探春等姊妹的吟诗才能，于是找了一个机会拜黛玉为师，开始跟着她们学诗作画。刚开始香菱有些胆怯，很需要别人给她一点勇气，黛玉便开导香菱说："什么难事，也值得去学？你又是这样一个极聪明伶俐的人，不用一年工夫，不愁不是诗翁了。"香菱听后，果然大受鼓舞，回去后便开始废寝忘食地学诗。不久便做了一首诗拿给黛玉看。这诗其实写的不怎么好，可是对于一个初学者来说已经很不容易了，因此黛玉还是给了她不少的肯定："意思却有，只是措辞不雅；皆因你看的诗少，被它缚住了，把这首诗丢开，再做一首。只管放开胆子去做。"说实话，香菱能遇到黛玉这样的老师很幸运，不仅能给她指导诗文，更能给她自信心，让她越来越喜欢诗文的创作，即便是面对宝钗的嘲讽"何苦自寻烦恼？都是颦儿引的你，我和她算账去。你本来呆头呆脑的，再添上这个，越发弄成个呆子了"，她也没有退缩，只是苦笑着说："好姑娘，别混我。"她并没有往心里去，反而越发用功，后来终于做了首好诗给黛玉看，黛玉称赞道："这首诗不但好，而且新巧有意趣。可知俗语说：'天下无难事，只怕有心人。'社里一定请你了。"

赞美犹如鲜花，但一个人的赞美仅仅是一朵鲜花，点缀不了太多的地方，因此这个社会需要更多的赞美。有了更多的赞美，这个世界也就变得更加美丽了，因为赞美是最好的认同，是最好的和谐的象征，更是最好的交际法！

用赞美解开固执的死结

我们常会碰到一些难缠的人，讲道理他不听，软说强求都无效，而且有时他还对你抱有一种固执的敌意，你会说，对这样的人有一份同他对话的耐心就不错了，难道也要去赞美不成？

是的。因为此时此刻，恰恰只有赞美才能解开这个死结。

费城华克公司的高先生和我们一样是个普通人。

华克公司承包了一幢办公大厦的建筑工程，它必须在合同规定的日期内完工。开始一切顺利，眼看工程就要完工了，突然，负责供应楼内装饰材料的供应商声称，他不能按期交货了。这样整个工程都将受到影响，不能按期交工，麻烦可大了，公司将承受巨额的罚款，这么重大的损失只因为一个人。

电话，争吵，讨论都没用。于是高先生去了纽约，去找这个供应商。高先生径直走进那家公司董事长的办公室，但是高先生并没有责备对方，而是从赞扬开始，他说对方的姓在这个地区是独一无二的。这让这位董事长很意外，他用了很长的时间谈论他的家族及祖先。等他说完了，高先生又恭维他一个人支撑那么大一个公司，并且比其他同类公司生产的铜制品都好。于是董事长坚持要请高先生吃饭。在吃饭的过程中高先生又说了一些其他的事情，始终没说来访的目的。

午饭后，这位董事长主动提到了实质问题，由于高先生给他带去了很多的快乐，董事长答应将按合同交付产品。

高先生甚至没有提出要求就达到了目的。那些材料准时送到，他们也按期交工。在这种情况下，如果高先生也用大多数人的方法，去争论、冲动，结果又会怎样呢？肯定不会如此完美。

从赞扬和欣赏开始更容易说服他人。做鱼有腥味，可以加料酒去腥，肉骨头炖不烂，可以滴几滴醋，这些都是一物降一物的道理。在追求成功的道路上，善用这个道理的人，事半功倍，不善用这个道理的人，有时只能吃力不讨好。

称赞要恰如其分

把握称赞的要诀，就需要掌握称赞的度，绝不可夸大其词，只有这样才能赢得别人的信任和好感。

抽象的东西往往很难确定它的范围，难以给人留下深刻印象；赞美的东西应该是看得见、摸得着的，这就是具体。如果要称赞某人是个好推销员，可以说："老王有一点非常难得，就是无论给他多少货，只要他肯接，就绝不会延期。"所谓深入、细致就是在赞美别人的时候，要挖掘对方不太显著的、处在萌芽状态的优点。因为这样更能发掘对方的潜质，增加对方的价值感，赞美所起的作用会更大。

美国前国务卿基辛格是个擅长称赞的外交谈判高手，他说："你必须十分敏锐，因为大部分国家领导人都是非常敏锐的，他们不容易被人操纵，却能操纵别人。你得运用你的智慧，去对付一个高智慧的人，还要使他马上感到你的诚意和认真，最后，必须增加他的信心。"因此，在基辛格眼里，所谓称赞是使别人相信他能解决问题的一种方法。

当我们想邀女性约会时，可以适当地恭维她："小姐，你的身段很美，公司有很多女职员但我认为你的工作能力比她们都强，如果我能跟你这样漂亮能干的小姐做朋友，真是我无上的荣幸！"也许当时并没有征得她的同意，但有一点可以肯定，这位小姐的内心里肯定洋溢着喜悦之情，并且会拥有一天的好心情，如果再适当地努力几次，也许就能成功。

俗话说：对症下药，量体裁衣。称赞也要"因人而异"，对于商业人员，如果说他学问好、品德高、博闻强记、清廉高洁，他不一定高兴，而如果说他才能出众，手腕灵活，现在满面红光、印堂发亮，发财在即，他一定会很高兴。对于政府官员，称赞他生财有道，定发大财，他可能会恨你一辈子，这时应该说他为国为民，淡泊名利，清廉公正。对于教授、教师，说他为人师表，学问渊博，思想深远，妙笔生花，他听了肯定高兴。对什么样的人，说什么样的赞美话，有道是"上山打柴，过河脱鞋"，不要弄得"牛头不对马嘴"，免得好意赞美人家一番，人家还觉得你是"乱弹琴"。

上面这些赞美方法都是很有用的，但是，光学会那些方法还是不够的，赞美别人一定要注意技巧，千万不要弄巧成拙。

有一个外表长得很像一位电影明星的人，当他在酒吧喝酒时，一个女服务员也说他长得像某明星。可见他的容貌、气质的确与某电影明星相似。通常，被认为与名演员相像，大都很高兴才对，但是那个原本不喜欢开口的人，却因此而越发沉默了，而且显出生气的样子。

也许，女服务员在说这句半奉承、半开玩笑的话时，并无特别的含意，所以大家一定感到非常奇怪，为什么他面对别人的夸赞还要生气

第三章 赞美恭维恰到好处——好听的话更能引起共鸣

呢？对以服务顾客为业的她们来说，不得不说这种赞美话的方法，实在很不高明。这个像明星的人深知自己的缺点便是给人一种冷漠的感觉，而那位电影明星又专饰冷酷的反派人物，因此别人说他们相像，虽是赞美他，却也等于指责了他的缺点。

赞美是门大学问，就像上述的例子，自认是缺点的事，反而受到夸赞，当然令他无法接受。所以，要引出对方更多的话题，必须很快看出对方希望怎么被称赞，然后再朝这一方面下手，一矢中的。也就是要满足对方的自我。因此，在远未确定对方的喜好前，千万不要随意赞美对方，免得弄巧成拙。

其次，如果对方满意你的赞美时，不要就此结束，应改变表达方式，适度地多赞美一番。因为仅仅一两次的赞美，会被认为是一种奉承，而重复的称赞，可信度会提高。所以，赞美对方时，一定要三思，并随时注意对方心情的变化。

赞美对方鲜为人知的得意之处

与其赞扬别人的生意好，不如赞美他的推销技术高明，或是赞美他工作的努力。向人"请教一切"是不行的，你应该择其所长，集中某点来请他指教，如此他一定会高兴得多。

凡说赞美的话一定要切合实际，到别人家里，与其乱捧一场，不如赞美房子布置得别出心裁，或欣赏墙壁上的一张好画，或惊叹一个盆栽的精巧，你要毫无成见地欣赏别人的爱好和情趣。

要赞美得准确，你就需要一双善于观察的眼睛。主人爱狗，你应该赞美他养的那只狗；主人养了很多金鱼，你应该欣赏那些鱼的美丽。赞美别人最近的工作成绩、最心爱的宠物，比说上许多无谓而虚泛的客气话要好得多。

特别关心别人的某一事物，必使对方在欣喜之余还觉感激。"士为知己者死，女为悦己者容"。钟子期死后，伯牙终身不再弹琴，其感思知己如此之甚者，不外子期能懂得欣赏他的琴声并给予其恰如其分的赞美而已。所以善于说话的人，每每因一句甜美的话说得适当，就为他的前途奠定下了一个基础，这并非奇事。

从内心里发出的敬佩别人的话才是有诚意的，如果对于对方不够了解，就不可盲目地称赞，而不切实际的称赞是很容易使人讨厌的。

如果对一个有地位名望的人，则赞美他所用的字眼应当另有研究和选择。首先要想到，一个名人之所以能够成为名人，一定是他在某一项工作上有特殊的贡献，而在他成名之后，赞美他工作的人一定很多，积久生厌，你依样照葫芦画瓢似的用别人所用过的话来称赞他，是不会使他觉得高兴的。

大多成了名的人，对于他的工作已成了习惯，你的称赞要是不能别出心裁，一定不能打动他的心。对于这种人，最好选择他工作以外的另一种事情去赞美他。譬如某银行界巨子，喜欢在闲时写写诗，那么与其你赞美他在金融方面的努力，不如说他的诗写得好。因为已成就了的工作，无须你再来称赞，他的诗写得很好，却不为人所知，你要是特别提到，一定会给他意外的惊喜。

所以你要记住，赞美一个普通人你可以赞美他努力了许久而无人注意的工作，尤其是他足以自豪的工作或本领。但对于一个名人，你却要欣赏他那些不大为别人所知道的，却是他自以为得意的事情。

要恰如其分地赞美别人是件很不容易的事。如果称赞不得法，反而会遭到排斥。为了让对方坦然说出心里话，必须尽早发现对方引以为自豪、喜欢被人称赞的地方，然后对此大加赞美，也就是要赞美对方引为自豪的地方。在尚未确定对方最引以为自豪之处前，最好不要胡乱称赞，以免自讨没趣。试想，一位原本已经为身材消瘦而苦恼的女性，听到别人赞美她苗条、纤细，她又怎么会感到由衷的高兴呢？

另外，从第三者口中得到的情报，有时在初次见到对方时能起到重要的作用。因此，利用所得到的情报当面夸奖对方，当然是为自己取得了主动，但是，如果你将这些情报、传言直接转述给对方，恐怕只会遭到轻蔑，因为满街飞舞的有关他的传言就是人们对他公认的评价。对此他已经听腻了，甚至麻木了，如果旧事重提，对方表面上也许付之一笑，内心却十分厌烦，甚至会说："看！又来了！老一套！"而将你打入平庸者的行列。

有关对方的传言，对你来说即使十分新鲜，也应避开这些陈旧的赞美之词，而大大赞美他较不为人所知的一面。

不妨试着在背后赞美别人

罗斯福的一个副官布德，对颂扬和赞美，曾有过出色而有趣的见解：背后颂扬别人的优点，比当面赞美更为有效。

这是一种至高的赞美技巧，在人背后颂扬人，在各种赞美的方法中，要算是最使人高兴的，也最有效果了。如果有人告诉我们，某某人在我们背后说了许多关于我们的好话，我们会不高兴吗？这种赞语，如果当着我们的面说给我们听，或许反而会使我们感到虚假，或者疑心他不是诚心的，为什么间接听来便觉得悦耳呢？因为这更寄寓着真诚。

德国的铁血宰相俾斯麦，为了拉拢一个敌视他的属员，便有计划地对别人赞扬那个部属，他知道那些人听了以后，一定会把他说的话传给那个部属。结果，属员的敌意很快变成了友好和服从。

当事人不在场的时候，背地说些赞美他的话，一般情况，这些话语都能传达到本人耳中。在日常生活中，如果我们想赞扬一个人，不便对他当面说出或没有机会向他说出来时，可以在他的朋友或同事面前，适时地赞扬一番。

据国外心理学家调查，背后赞美的作用绝不比当面赞美差。此外，直接赞美的度把握不好会使对方感到不满足、不过瘾，甚至不服气；直接赞美过了头又会变成阿谀奉承，而用背后赞美的方法则可以减少这些矛盾。因此，与其当面赞扬不如通过第三者的间接赞美效果好。

有时，我们为了博得他人好感，往往会赞美对方一番。若由自己说出："你看来还那么年轻。"这类话，不免有点阿谀奉承之嫌。如果换个方法来说："你真是漂亮，难怪某某一直说你看上去总是那么年轻！"可想而知，对方必然会很高兴。而且没有诣媚之嫌。因为一般人的观念中，总认为"第三者"所说的话是比较公正、实在的。因此，以"第三者"的口吻来赞美，更能得到对方的好感和信任。

借用第三者的口吻表达赞美是一种很好的与人沟通方式，既不会让对方感觉到阿谀奉承而产生反感，而且能得到他人的赞美是一种很好的感觉。特别是对那些有身份的人，借用第三者的口吻赞美他们绝对是一个好主意。

借用第三者表达的赞美，使别人无法拒之门外，因为这种赞美显得是那么的公正，特别是不止一个人如是说，这对于被赞美者是多大的鼓励啊！当我们面对困难的时候，可以运用这种方式，使对方心软，从而达成我们的交谈目的。

赞美不要浮夸，措辞应适当

一位母亲曾赞美孩子："你是一个好孩子，有了你，我感到很欣慰。"这种话就很有分寸，不会使孩子骄傲。但如果这位母亲说："你真是一个天才，在我看到的小孩子中，没有一个人赶得上你的。"那就会使孩子骄傲，把孩子引入歧途。

因此，作为父母要想正确地引导孩子，使自己的赞美之词收到成效，就要学会赞美的技巧。同样，在人际交往中，我们往往需要赞美他人，如果不掌握赞美的方法，赞美可能会成为讥讽，可能会变成毒害他人的毒药。

适度的赞美会令对方感到欣慰、振奋；过度的恭维、空洞的奉承，或者频率过多的赞美，都会令对方感到不舒服，甚至难堪、肉麻，结果令人讨厌，适得其反。

当你的赞语没说出口时，先要掂量一下，这种赞美有没有事实根据，对方听了是否相信，第三者听了是否不以为然，一旦出现异议，你有无足够的证据来证明自己的赞美是站得住脚的。所以，赞美只能在事实基础上进行，不要浮夸，措辞也要适当。

赞美别人，仿佛用一支火把照亮别人的生活，也照亮自己的心田，有助于发扬被赞美者的美德和推动彼此友谊健康地发展，还可以消除人际间的龃龉和怨恨。赞美是一件好事，但绝不是一件易事。赞美别人时如不审时度势，不掌握一定的赞美技巧，即使你是真诚的，也会变好事为坏事。所以，开口赞美别人之前，一定要注意以下事项：

（1）因人而异说不同的赞美话

人的素质有高低之分，年龄有长幼之别，因人而异，突出个性，有特点的赞美比一般化的赞美能收到更好的效果。老年人总希望别人不忘记他"想当年"的业绩与雄风，同其交谈时，可多称赞他引以为自豪的过去；对年轻人不妨语气稍为夸张地赞扬他的创造才能和开拓精神，并举出几点实例证明他的确能够前程似锦；对于经商的人，可称赞他头脑灵活，生财有道；对于有地位的干部，可称赞他为国为民，廉洁清正；对于知识分子，可称赞他知识渊博、宁静淡泊……当然这一切要依据事实，切不可虚夸。

（2）赞美别人要真诚，不要虚情假意

虽然人都喜欢听赞美的话，但并非任何赞美都能使对方高兴。能引起对方好感的只能是那些基于事实、发自内心的赞美。相反，你若无根无据、虚情假意地赞美别人，他不仅会感到莫名其妙，更会觉得你油嘴滑舌、诡诈虚伪。例如，当你见到一位其貌不扬的小姐，却偏要对她说："你真是美极了。"对方立刻就会认定你所说的是虚伪之极的违心之言。但如果你着眼于她的服饰、谈吐、举止，发现她这些方面的出众之处并真诚地赞美，她一定会高兴地接受。真诚的赞美不但会使被赞美者产生心理上的愉悦，还可以使你经常发现别人的优点，从而使自己对人生持有乐观、欣赏的态度。

（3）不要使用空洞的语句表达赞美

在日常生活中，人们有非常显著成绩的时候并不多见。因此，交往中应从具体的事件入手，善于发现别人哪怕是最微小的长处，并不失时机地予以赞美。赞美用语愈详实具体，说明你对对方愈了解，对他的长处和成绩愈看重。让对方感到你的真挚、亲切和可信，你们之间的人际距离就会越来越近。如果你只是含糊其辞地赞美对方，说一些"你工作得非常出色"或者"你是一位卓越的领导"等空泛飘浮的话语，只能引起对方的猜度，甚至产生不必要的误解和信任危机。

每当称赞别人的时候，不可仅从大处着眼，要从小处发挥，缺乏热忱的人是不会注意到小节上来的。

"你的文章写得好极了。"这还不够，它确实有点像敷衍。倘若你再加上句："能够使青年人读了更加奋发。"那么效果就完全两样了。同样地，"你的衣服很有魅力"也是不够的，为了博取对方更大的欢心，你必须再说出这衣服怎样美丽，如进一步说颜色配得好，图案美妙，或式样大方等均无不可！

（4）赞美语句要合乎当时的场合

赞美的效果在于相机行事、适可而止，真正做到"美酒饮到微醉后，好花看到半开时"。

当别人计划做一件有意义的事时，开头的赞扬能激励他下决心做出成绩，中间的赞扬有益于对方再接再厉，结尾的赞扬则可以肯定成绩，指出进一步的努力方向，从而达到"赞扬一个人，激励一批人"的效果。

（5）当别人处于困境的时候也是可以赞美的

俗话说："患难见真情。"最需要赞美的不是那些早已功成名就的人，而是那些因被埋没而产生自卑感或身处逆境的人。他们平时很难听到一声赞美的话语，一旦被人当众真诚地赞美，便有可能振作精神，大展宏图。因此，最有实效的赞美不是"锦上添花"，而是"雪中送炭"。

赞美要区别不同的对象

教学要因材施教，赞美要因人而异。因为每一个人都有不同的个性，每一个人都有自己独特的特长。

鉴于男人与女人其自身心理特点的差异，对男人、女人的赞美也应有所不同，不能采用相同的语言方式。

赞美异性，绝对要讲究技巧，否则稍有不慎便会招致不必要的误解。

初次与异性会面，使用含糊的赞美之词是一种好办法。因为对于含意模糊的词句，人们多半会往好的方面理解。

对女性的赞美还应该注意下面的情形：

（1）加班时，如果对女职员说"你可以回去了"，不但没有讨好她，反而容易使对方认为你轻视她。

某汽车厂的营业科长发牢骚说:"女孩子真是难以捉摸,没批两句就去哭,夸奖其中一个却得罪其他女孩子,这真让我头痛。"就在不久前,他轻声告诉两个不必留下来加班的女职员:"你们可以回去了。"想不到对方却不高兴地说:"别人都留下来,我们为什么回去。"看来他的一番好意被她们当作轻视自己的话了。

其实,这是没有把握女性的心理特点所致,越是认真工作的女性越痛恨被歧视。遇到这种情形,不要只说:"你们可以回去了。"最好用安慰的口吻说:"你们每天很辛苦,今天可以早一点回去。"如用这样的好言相劝,那么对方肯定会感谢你的一番好意,高高兴兴回家了。

(2)一般不要在女性面前称赞其他女性。有人说:"女人的敌人就是女人自己。"尤其不能在具有特殊情感的女人面前称赞其他女性。

女性在男女关系中没有所谓洒脱的状态,亦即没有所谓中立的状态。例如情侣相偕上街,男的看着迎面而过的漂亮小姐,说道:"哇!好漂亮的女孩。"这种出于男性本能而又无心的一句话,其后果可能是很严重的。

即使是因为相同的事由,你也不应以同样的方式来称赞所有的人。不要去找任何时间、场合下对任何人都适用的"赞赏万金油",它是不存在的。避免给对方留下"这人对谁都讲那么一套"的坏印象。

在很多人的聚会中,你千万不要搬出前不久刚称赞过其中某一位的话,再次恭维其他人。还是仔细想一想,每个人与他人相比,到底有何突出之处,这样就能因人制宜、恰到好处地赞扬别人。

恭维的话要发自内心

恭维的话是人人都喜欢听的,但并非任何恭维都能使人高兴。有的人明明腿短,你偏要赞美人家穿裤子好看;明明长得黑,偏要说人家肤色亮；明明身体虚弱，偏要说人家身体健康，像练过健美操似的……无根无据、虚情假意地赞美，对方不仅会感到莫名其妙，而且还会觉得你油嘴滑舌、诡诈虚伪。

恭维和讽刺的最大区别就是真诚与否。恭维是真诚的夸奖，是出于心底的一种赞同、佩服。如赞美一个人的书法写得很好，就可以恭维对方说："你的书法写得真好，一定花了不少时间练习吧？"虽然是一种询问的方式，可是对方明白你是真心诚意地在夸奖他。而讽刺则是一种虚假的赞美，常常通过表面的恭维来达到内心讽讥的目的。例如还是赞美一个人的书法写得好，讽刺的人就会说："你的书法写得真好，连王羲之都自愧不如。像你的书法写得这么好，不知为什么中国书法协会的会长怎么不让你去当啊？"表面是夸奖对方的书法写得好，可实际上却是讽刺对方在卖弄自己的书法。

你的恭维之词要和所赞美的对象相匹配，不能太夸张，也不能太不着边际。如赞美一个人的车技很好，有的人就会说："你的车技实在是一流，开起车来像飘着一样，想翻都翻不了。"这个人的话还没有说完，司机肯定立马让他下车，让他滚得越远越好！这种费力不讨好的事情很多人都曾遇到过，不是因为对方挑剔难伺候，而是因为你的赞美不实在，对方听着心里不舒服，消化不了。就如食物一样，不管表面看起来有多么的精美，可是吃下去却消化不了，那就不是一种好食物，那么做这种食物的就不是一个好厨师。

同样，说一些不实在、对方接受不了的恭维话，就不是一种好赞美，那么这个人也就不是一个值得交往的好人。因此，恭维对方要实在，要顾及对方的感受，否则就容易"祸从口出"。

因此，恭维对方的时候，一定要真诚，如果不够真诚，对方就会误会你是在讽刺他。千万不要因为自己的一句不真诚的恭维，给自己树立一个敌人。

能引起对方好感的只能是那些基于事实、发自内心的赞美。真诚地赞美别人，不仅会使被赞美者产生心理上的愉悦，拉近你们之间的关系，还可以使你经常发现他人的优点，从而使自己对人生持有乐观、向上的态度。

有些人不是出自真心而是随大溜，跟着别人说重复的恭维话，或者附和别人的赞美，这不仅会使自己处境尴尬，还会引起被恭维者的反感。

古时候，朱温手下就有一批喜欢鹦鹉学舌拍马屁的人。一次，朱温与众宾客在大柳树下小憩时，无意中说了句："好大柳树！"

宾客为了讨好他，纷纷起来互相赞叹："好大柳树。"

朱温看了觉得好笑，又道："好大柳树，可作车头。"

实际上，柳木是不能做车头的，但还是有五六个人互相赞叹："可作车头。"

朱温对这些鹦鹉学舌的人烦透了，厉声说："柳树岂可做车头！我见人说秦时指鹿为马，有甚难事！"于是把说"可作车头"的人抓起来杀了。

恭维如果是违心的，会令对方认为是你在溜须拍马，盲目地追随别人的恭维更是如此。

恭维是一种艺术，不但需要合适的方式加以表达，而且还要有洞察力和创造性。

一位举止优雅的妇女对一个朋友说："你今天晚上的演讲太精彩了。我情不自禁地想，你当一名律师该会是多么出色！"这位朋友听了这意想不到的评语后，像小学生似的红了脸，露出无限的感激的神态。

古谚云："精诚所至，金石为开。"当称赞之辞从舌底间流出的时候，很大程度上，言语中包含的真诚百分比已经显露出来，写到被称赞者的脸上或者心中。所以只有真诚的恭维，才能使别人感到称赞者是在发现他的优点，而不是作为一种明显的功利性手段去称赞他，从而使他自觉自愿地"打开"称赞者所需要的"金石"，或者接受称赞者在称赞背后隐藏着的不满，从而达到恭维的最终目的。

避免赞美中的陈词滥调

陈词滥调或者不着边际的恭维只会惹人生厌，恭维的直接目的是让对方高兴，如果你不低估人家的智力的话，恭维的话也得有新意才成。

一本书中说到，一位将军听到别人称赞他美丽的胡须便大为高兴，但对于别人对他作战方式的赞誉却不放在心上，这种心理是每个人都有的。大概不少人恭维过这位将军的英勇善战及富于谋略的军事才干，但是他作为一个军人，不论在这方面怎样恭维他，也只是赞歌中的同一支曲子，不会使他产生自豪感。然而，如果你对他军事才能以外的方面加以赞赏，等于在赞词中增加了新的条目，他便会感到无比的满足。可见，避免赞美中的陈词滥调是多么的重要。

大学问家钱钟书先生的称赞也像他的《围城》一样充满智慧的创意，给人以新鲜而受用的感觉。

有一年冬天，他访问日本，在早稻田大学文学教授座谈会上即席作了《诗可以怨》的演讲。开场白是："到日本来讲学，是很大胆的举动，就算一个中国学者来讲他的本国学问，他虽然不必通身是胆，也得有斗大的胆。理由很明白简单，日本对中国文化各方面的卓越研究，是世界公认的；通晓日语的中国学者也满心钦佩和虚心采用你们的成果，我知道要讲一些值得向各位请教的新鲜东西，实在不是轻易的事。我是日语的文盲，面对着贵国汉学或支那学的丰富宝库，就像一个既不懂号码锁又没有开撬工具的穷光棍，瞧着大保险箱，只好眼睁睁地发愣。但是，盲目无知往往是勇气的源泉。意大利有一句嘲笑人的惯语：'他发明了雨伞。'据说有那么一个穷乡僻壤的土包子，一天在路上走，忽然下起小雨来了，他凑巧拿着一根棒和一块布，人急智生，他把棒撑了布，遮住头顶，居然到家没有淋得像落汤鸡。他自我欣赏之余，也觉得对人类作出了贡献，应该将他的创意公之于世。他听说城里有一个发明品专利局，就兴冲冲拿着棍和布赶进城去，到那局里报告和表演他的新发明。局里的职员听他说明来意，哈哈大笑，拿出一把雨伞来，让他看个仔细。我今天就仿佛是那个上注册局的乡下佬，孤陋寡闻，没见识过雨伞。不过，在找不到屋檐躲雨的时候，棒撑着布也不失为应急的一种有效方法。"

钱先生在这里先讲对日本汉学研究中国人不敢等闲视之，即使是中国专家在日本讲中国学问，也要对听众的水平做最充分的估计。后段讲自己不通晓日语，除了有勇气之外，没什么资本。殊不知，钱先生正是用这种有意识的自嘲式的赞扬，使在座的所有日本听众既感动又受用。

对于初次见面的人，要从品格或性格上去赞美别人显然是不明智的，我们可以对其过去的事迹、行为或身上的装饰品等，即成型的具体事物，作适当的赞美。当你说"你真是位好人"时，也许发于至诚，但在初次见面的短时间内，你又怎么知道呢？因此容易引起对方的怀疑和戒心。

如果夸赞对方的事迹或行为，情况就不同了。因为对既成事实的赞美，与交情的深浅无关，对方也较易接受。我们不必直接去赞美对方，只需要作"间接的恭维"，于初次见面时就能收到效果。若对方是女性，那么她身上的衣服首饰，便是我们"闻接恭维"的最好话题。

假如你的女同事是一个身材不错的人，当你看到她穿了一身漂亮的衣服的时候，你不能仅仅说"哦，多好看的衣服啊！"而应该说"哦，这衣服真是找对主人了，很难再有谁更能体现这衣服的价值了！"虽然你表面在赞美这衣服的运气多么好，找到了合适的主人，其实，聪明人一听就明白你是在夸赞她的身材很棒。没有哪个女人不喜欢听别人夸自己身材好。

间接恭维不像直接赞美那样直截了当，给人一种拍马屁的感觉，它是那样的含蓄，所以，间接恭维是一种既不失自己体面又会给别人带来快乐的极好的交谈方式。

了解了这种"间接恭维"的效用后，与其毫无准备地去面对一位初识的人，倒不如事先准备"间接恭维"的材料。有了这种准备，对方往往会因你一句恰当得体的赞美词而毫无保留地打开心扉。在这之后，任何谈话都是容易深入下去的。

避免你的恭维引起误解

不要突然没头没脑地就大放颂辞。你对别人的恭维应该与你们眼下所谈的话题有所联系。请留意你在何时以什么事为引子开始恭维对方。对方提及的一个话题，他讲述的一个经历，也可能是他列举的某个数字，或是他向你解释的一种结果，都可以用来作为引子。

一男青年晚上在饭店碰到一位认识的女士，她正和一位女伴在用餐，两人刚听完歌剧，穿戴漂亮。这位男青年竟然觉得眼前一亮，很想恭维一下对方："噢，康斯坦泽，今晚你看上去真漂亮，很像个女人。"对方难免生气："我平常看上去什么样呢？像个清洁工吗？"

在一次管理层会议上，一位报告人登台了。会议主持人向略显吃惊的观众介绍："这位就是刘女士，这几年来她的销售培训工作做得非常出色，也算有点儿名气了。"这末尾的一句话显然画蛇添足地让人不太舒心，什么叫"也算有点儿名气"呢？

这些恭维的话会由于用词不当，让对方听来不像赞美，更像是贬低或侮辱。结果自然是事与愿违，不欢而散。

所以在表扬或恭维他人时也请谨慎小心。请注意你的措辞，尤其要注意以下几条基本原则：

（1）列举对方身上的优点或成绩时，不要举出让听者觉得无足轻重的内容，比如向客户介绍自己的销售员时说他"很和气"或"纪律观念强"之类和推销工作无甚干系的事。

（2）你的赞扬不可暗含对对方缺点的影射。比如一句口无遮拦的话："太好了，在一次次半途而废、错误和失败之后，您终于大获成功了一回！"

（3）不能以你曾经不相信对方能取得今日的成绩为由来称赞他。比如："我从来没想到你能做成这件事。"或是"能取得这样的成绩，你恐怕自己都没想到吧。"

另外，你的赞词不能是对待小孩或晚辈的口吻，比如："小伙子，你做得很棒啊，这可是个了不起的成绩，就这样好好干！"

总之，赞美就像空气清新剂，可以振奋对方的精神，"美化"你身边的气氛，但你也必须清楚，再好的清新剂也有过敏以至反感者，更何况人与人之间的关系如此复杂，如果不首先练达人情，不根据所赞对象的心情及当时情境的具体情况而乱赞一通，恐怕真的会拍马屁拍到马蹄上。

恭维话要说到心坎里

恭维话人人爱听，你对人说恭维话，如果恰如其分，适合其人，他一定十分高兴，对你便有好感。最奇怪不过的就是，越是傲慢的人，越爱听恭维话，越喜欢受你的恭维。有的人义正辞严，说自己不受恭维，愿听批评，这是他的门面话，你如果信以为真，毫不客气地率直批评他的缺点，他心里一定老大不高兴。即使表面上未必有所表示，内心对于你的感情，只有降低，决不会增进。

讲个老笑话，某人是拍马专家，连阎王都知道他的大名，死后见阎王，阎王拍案大怒："你为什么专门拍马？我是最恨这种人的！"马屁鬼叩头回道："因为世人都爱拍马，不得不如此。大王是公正廉明，明察秋毫，谁敢说半句恭维话？"阎王听罢，连说："是啊是啊！谅你也不敢！"

实则阎王也是爱听恭维话，不过是马屁鬼说恭维话的方式，与普通人不同罢了。这个故事，是说明了世人之情，都爱恭维，你的恭维话如果有相当分寸，不流于谄媚，将是得人欢心的一种妙法呢。

《论语》上说："人告之以过则喜。"实际上，这恐怕只有孔子这样的大圣人才有如此雅量，一般情况下，普通人都不可能做到这一点。大家常说"良药苦口利于病，忠言逆耳利于行"，但真正能听得进逆耳忠言的人却并不多。所以，办事说话时应当灵活，不妨适当说些恭维话。

或许，大家都以为恭维人乃是小人所为，大丈夫光明磊落，行正身直。事实上，我们都应该清楚一个道理，那就是枪炮或毒药可以杀死无辜的百姓，是因为它们被坏人利用了，而不是它们本身有什么不好。正如鸦片会使人丧命，是因为贩毒者利用了它，而在医学上，鸦片则又可成为很好的麻醉剂和镇静剂，可以用它来解除病人的痛苦。明白了这个道理，我们就应该承认，恭维作为一种说话的方式，我们有权使用，而且如果我们用得恰当，会取得意想不到的效果。

办事时不妨在嘴巴上有技巧地略施小惠，尽快地养成随时都能恭维别人的习惯。当恭维别人已经变成你的习惯时，你办事的能力就会相应提高。不需要花费太大的力气，又能解决你的难题，何乐而不为！

第四章

批评方式恰到好处
——给批评加层"糖衣"

批评是照耀人们灵魂的镜子，能让人更加真实地认识自己，但批评不当，不仅起不到相应的效果，还会产生极大的负面效应。批评人的事情，虽常有发生，但它并不是一件很随意的语言行为，它是有一定规则技巧，甚至还有某些禁忌的。比如，哪些话能说，哪些话不能说，哪些事能提，哪些事不能提。这都需要每个人在实践中细细体会。

巧妙暗示，润物细无声

当面指责别人，还会造成对方顽强的反抗；而巧妙地暗示对方注意自己的错误，反而会使人真诚地改正错误。

华纳梅克每天都到他费城的大商店去巡视一遍。有一次他看见一名顾客站在台前等待，没有一个人对她稍加注意。那些售货员在柜台远处的另一头挤成一堆，彼此又说又笑。华纳梅克不说一句话，他默默站到柜台后面，亲自招呼那位女顾客，然后把货品交给售货员包装，接着他就走开了。这件事让售货员感触颇深，使他们及时改正了服务态度。

官员们常被批评不接待民众。他们非常忙碌，但有时候，是由于助理们过度保护他的上级，为了不使上级见太多的访客造成负担。卡尔·兰福特，在迪斯尼世界所在地——佛罗里达州奥兰多布当了许多年的市长。他时常告诫他的下属，要让民众来见他。他宣称施行"开门政策"。然而他所在社区的民众来拜访他时，却都被他的秘书和行政官员挡在了门外。

卡尔·兰福特市长知道这件事后，为了解决这个问题，他把办公室的大门给拆了。这位市长真正做到了"行政公开"。

若要不惹火人而改变他，只要换一种方式，就会产生不同的结果。

确实那些直接的批评会令人非常愤怒，间接地让别人去面对自己的错误，会有非常神奇的效果。玛姬·杰各提到她是如何使得一群懒惰的建筑工人，在帮她盖房子之后清理干净现场的。

最初几天，当杰各太太下班回家之后，发现满院子都是锯木屑子。她不想去跟工人们抗议，因为他们工程做得很好。所以等工人走了之后，她跟孩子们把这些碎木块捡起来，并整整齐齐地堆放在屋角。次日早晨，她把领班叫到旁边说："我很高兴昨天晚上草地上这么干净，又没有冒犯到邻居。"从那天起，工人每天都把木屑捡起来堆好放在一边，领班也每天都来察看草地的状况。

在后备军和正规军训练人员之间，最大不同的地方就是理发，后备军人认为他们都是老百姓，因此非常痛恨把他们的头发剪短。

当陆军第 542 分校的士官长哈雷·凯塞带领一群后备军官时，他要求自己一定要解决这个问题。跟以前正规军的士官长一样，他可以向他的部队吼几声或威胁他们，但他不想直接说出他要说的话。

他开始讲话了："各位先生们，你们都是领导者，你必须为尊重你的人做个榜样，你们应该了解军队对理发的规定。我现在也要去理发，而它却比某些人的头发要短得多了。你们可以对着镜子看看，你要做个榜样的话，是不是也需要理发了，我们会帮你安排时间到营区理发部理发。"

结果是可以预料的，有几个人自愿到镜子前看了看，然后下午就到理发部去按规定理了发。次日，凯塞士官长讲评时说，他已经看到，在这支队伍中有些人已具备了领导者的气质。

暗示是指不直截了当地把批评意见讲给被批评者听，而是借用其他委婉的语言形式说此及彼，用弦外之音巧妙地表情达意，让人思而得之，从而获得深刻的印象。含蓄委婉的暗示方法，较直来直去地呵斥，有利于保护他人的自尊心。

对批评者而言，暗示寓巧妙，暗示寓宽容，暗示寓尊重；对被批评者而言，暗示促反思，暗示寓希望，暗示更意味着离成功的目标越来越近。巧用暗示，能使批评更富温情。

第四章
批评方式恰到好处
——给批评加层『糖衣』

恰当地把握批评的方法尺度

没有人愿意挨批评，不管你说的有多对，因此批评常会产生一些负效应。但是，有些人却能够很恰当地把握批评的方法尺度，使批评达到春风化雨、甜口良药也治病的效果。

美国南北战争时期，下属向林肯总统打听敌人的兵力数量，林肯不假思索地答道："一百二十万至一百六十万之间。"下属又问其依据何在，林肯说："敌人多于我们三四倍。我军四十万人，敌人不就是一百二十万至一百六十万吗?"为了对军官夸大敌情、开脱责任提出批评，林肯巧妙地开了个玩笑，并借调侃之语嘲笑了谎报军情的军官。这种批评显然比直言不讳地斥责效果要好多了。

其实，许多时候批评的效果往往并不在于言语的尖刻，而在于形式的巧妙，正如一片药加上一层糖衣，不但可以减轻吃药者的痛苦，而且使人很愿意接受。批评也一样，如果我们能在必要的时候给其加上一层"外衣"，也同样可以达到"甜口良药也治病"的目的。

有一天中午，查理·夏布偶然走进他的一家钢铁厂，撞见几个工人正在吸烟，而在那些工人头顶的墙上，正悬着一面"禁止吸烟"的牌子。夏布没有直接地批评工人。

他走到那些工人面前，拿出烟盒，给他们每人一支雪茄，然后请他们到外边去抽。那些工人知道自己违反了规定，可是他们非常钦佩夏布先生不但丝毫没有责备他们，而且还给他们每人一支雪茄当作礼物，工人们觉得很高兴。

1987年3月8日，最善于布道的彼德牧师去世了。下一个星期日，艾鲍德牧师被邀登坛讲演。他尽其所能，想在这次讲演中有完美的表现，所以他事前写了一篇讲演稿，准备到时应用。他一再修改、润色，才把那篇稿子完成，然后，读给他的太太听。可是这篇讲道的讲演稿并不理想，就像普通讲演稿一样。

如果他的太太没有足够的修养和见解，一定会直接说出这篇稿子糟透了，绝对不能用，因为它听起来就像百科全书一样枯燥无味。

但那位艾鲍德太太知道间接批评别人的好处，所以她说，如果把那篇讲演稿拿到北美评论去发表，确实是一篇极好的文章。也就是说，她边赞美丈夫的杰作，同时又向丈夫巧妙地进行了暗示，他的这篇讲演稿并不适合讲演时用。艾鲍德明白了妻子的暗示，就把他那篇绞尽脑汁完成的讲演稿撕碎了。他什么也不准备，就去讲演了。

我们要劝阻一件事，应该避开正面的批评，这是必须要记住的。如果有这个必要的话，我们不妨旁敲侧击地去暗示对方，而对人正面的批评，不仅会毁损他的自信，还会伤害他的自尊。如果你采用旁敲侧击的暗示方法，对方知道你用心良苦，不但会接受，而且还会感激你。

要让对方认识到批评的价值

在生活和工作中，批评和奖励一样必不可少，因为缺点每个人都有，只有认识到自己的缺点才有可能进步。自己认识不到就得靠别人来帮助，这就是批评的价值所在。所以，批评人要让对方认识到批评的价值才不会使批评走向误区。

但是，在开展批评时，一定要讲究方式、方法，这里也有艺术性，否则难以达到预期的效果。

那么，采取什么样的批评方式才会取得好的效果呢？

（1）体谅对方的情绪，取得对方的信任。这是使批评达到预期效果的第一步。"心直口快"作为人的一种性格来说，在某些方面的确可以体现出它的优点，但在批评他人时，"心直口快"者往往不能体谅对方的情绪，图一时"嘴快"，随口而出，过后又把说过的话忘了，而被批评者的心理上却蒙上了一层阴影，同时失去了对批评者的信任。所以，当你在批评他人时，不妨学会从别人的角度来看问题，设身处地站在对方的立场上考虑一下，自己是否能够接受得了这种批评。如果所批评的话自己听起来都感到有些生硬，有些愤愤不平，那么就该检讨一下措辞方面有何要修改之处。

另外，也要考虑场合的因素。不注意场合的批评，任何人都不会接受的。

（2）诚恳而友好的态度。批评是一个敏感的话题，哪怕是轻微的批评，都不会像赞扬那样使人感到舒畅，而且，批评的对象总会用挑剔或敌对的态度来对待批评者。所以，如果批评者态度不诚恳，或居高临下，冷峻生硬，反而会引发矛盾，产生对立情绪，使批评陷入僵局。

因此，批评人时必须注意态度，诚恳而友好的态度就像一剂润滑剂，往往能使摩擦减少，从而使批评达到预期效果。

（3）只说当前，不提过去。批评并不是回顾过去，而应该站在如何解决当前的问题，将来如何改进的立场上进行，最重要的是将来，而不是过去。

重视现在，而不是过去。不追究过去，只将现在和将来纳入需要解决的问题，亦即不是责备已成的结果，而是对今后如何做有所"鼓励"，这样的批评法才是理想、得当的说服法。

（4）只论此事，不谈其他。如果一次批评许多事情，不仅使内容相互抵消，而且还可能把握不住重点，同时也容易使受到批评的人意志消沉。

在现实生活中，尤其是面谈时，很容易出现这种情形。日常的工作场合说话的机会很少，所以便趁面谈的机会把过去的一切和盘托出，因此，会使被批评的人产生对抗的心理。为了有效地说服，应该尽量避免这样的情形出现。

（5）人员为一对一，莫让他人听到。这是因为批评时若有其他人在场，被批评者会有屈辱感，因此心生反感，会找各种理由辩解，而无心自省，也就无法产生效果。因此，不到不得已，不要当众批评下属，除非是与自己有信赖关系的下属。

（6）别用批评来发泄心中的不快。所谓的"批评时不可加入感情"，意思是说责备别人时要公事公办，不要混杂私人的不快感情，而是进行冷静的批评。可是，批评是人的感情行为，不可能脱离感情，那种如同戴面具的批评是令人生厌和有违自然的。因此，如何正确地表现感情就成为批评的重要一环。换句话说，透过批评表现出自己的感情打动下属的心，才是有成效的批评。

要想真正打动下属的心，达到说服的效果，绝不能把自己表现得完美无缺，高高在上地批评对方。这样只能使批评的一方获得自我满足，毫无半点成效。因此，应该将对方的缺点和错误看成是自己的，抱着希望对方能发现自己的过失和错误并予以纠正的心情。

如何批评他人是一门艺术，批评的恰当可以帮助别人改正错误，达到预期的目的，否则会造成他人的反感。切记：不要用挖苦或伤害的语言，并尽量避免在众人面前批评他人。

让被批评者说出他的看法

人们常把自己的意志强加到别人身上，不管你的地位有多高，与人说话又把人置于等而下之的地位，对方自然不会服你。要想使批评真正发挥作用，就应先了解别人是怎样想的。

很多人在努力想让别人同意自己的观点时，常不自觉地把话说得很多，尤其是推销员常会犯这种错误。要尽量让对方说话，因为，他对自己事业和他的问题，了解得比你多。即使你在批评别人的时候，也要向对方提出问题，让对方讲述自己的看法。

尽量让对方讲话，不但有助于处理商务方面的事情，也有助于处理家庭里发生的矛盾。

芭贝拉·琳达和她女儿洛瑞的关系快速地恶化，洛瑞过去是一个很乖、很快乐的小孩，但是到了十几岁时却变得很不合作，有的时候，甚至于喜欢争辩不已。琳达太太曾经教训过她，恐吓过她，还处罚过她，但是仍收不到效果。

一天，琳达太太放弃了一切努力。洛瑞不听她的话，家务事还没有做完就离家去看她的女朋友了。

在女儿回来的时候，琳达太太本来想对她大吼一番。但是她已经没有发脾气的力气了。琳达太太只是看着女儿并且伤心地说："洛瑞，为什么会这样？"

洛瑞看出妈妈的心情，用平静的语气问琳达太太："你真的要知道吗？"

琳达太太点点头，于是洛瑞就告诉了妈妈自己的想法。开始还有点吞吞吐吐，后来就毫无保留地说出了一切情形。

琳达太太以前从来没有听过女儿的心里话，她总是告诉女儿该做这该做那，而且当女儿要把自己的想法、感觉、看法告诉她的时候，她总是打断她的话，而给女儿更多的命令。

琳达太太开始认识到，女儿需要的不是一个忙碌的母亲，而是一个密友，让她把成长所带给她的苦闷和混乱发泄出来。过去自己应该听的时候，却只是讲，自己从来都没有听她说话。

从那儿以后，每当琳达太太想批评女儿的时候，就会先让女儿尽量地说，让女儿把她心里的事都告诉自己，她们之间的关系也大为改善。

使对方多多说话，试着去了解别人，从他的观点来看待事情，就能创造生活奇迹，使你得到友谊，减少摩擦和困难。

也许别人是完全错误的，但他并不认为如此。因此，不要责备他，应试着去了解他。

别人之所以那么想，一定存在着某种原因。查出那个隐藏的原因，你就等于拥有解释他的行为，也许那就是他的个性的钥匙。

如果你不同意他的看法，你也许会很想打断他的讲话。实际上，这时候你更需要的是耐心地倾听，抱着一种开放的心胸，诚恳地让他充分地说出他的看法。

领导者要讲究批评的艺术

批评的目的是希望他人改正错误，只有掌握了批评的技巧，才能达到目的。

（1）以客观、严肃、平静的方式面对下属。领导者通过自由、轻松、非正式的方式处理问题则有利于促进人际交往活动，因为，在这种情境下下属会感到无拘无束。但是，批评的实施与这种情境完全不同。因此，作为管理者的领导者应尽可能地避免愤怒或其他情绪反应，而应以平静、严肃、客观的语气来表述意见。但不要以开玩笑或聊家常的方式来减弱紧张的压力，这类举动会使下属感到困惑，因为它们给下属传递了一种相互矛盾的信号。

（2）指明问题所在。当你与下属坐在一起时，要明确指出你有具体针对这一问题的有关记录；向当事人出示违规发生的日期、时间、地点及参与者；要用准确的语言来表述和界定过失，而不能仅仅引用组织

第四章 批评方式恰到好处
——给批评加层『糖衣』

的规章制度或劳动合同。你要表达的并不是违反规则这件事情本身，而是违规行为对整个组织绩效所造成的影响。要具体阐明违规行为对下属本人的工作绩效、对整个单位的工作绩效以及对周围其他同事所造成的不良影响，以解释这一行为不应再发生的原因。

（3）讨论不针对具体人。批评应指向下属的具体行为而不是他的人格特征。如，一名下属多次上班迟到，就要向他指出这一行为如何增加了其他人的工作负担，他的行为会影响整个部门的工作士气等，而不要一味地指责此人自私自利或不负责任。

（4）允许下属陈述自己的看法。无论你有什么样的事实或证据支持你的谴责，正确的工作方法应该是：给当事人一个陈述自己看法的机会。从当事人本人的角度来看，发生了什么事？为什么会发生？他对组织规则、管理条例和组织环境是怎样理解的？如果在违规方面你与当事人的观点差异很大，你就应该做进一步的调查。

（5）保持对讨论的控制。在人际交往中，人们都希望鼓励开放式的对话，希望抛开控制而制造一种双方平等的沟通气氛。但在实施批评时却不一样，因为，违规者会利用一切机会将你置于守势。也就是说，如果你不进行控制，他们就会控制。对下属的批评就是在权力基础上的活动，要想巩固组织准则和规程就必须进行控制。既要让下属从自己的角度陈述所发生的事情，还要抓住事实真相，不要让他们干扰你或使你偏离目标。

（6）对今后如何防范错误达成共识。批评应包括对错误改正的指导。在批评中，要让下属谈谈他们今后如何改正过失或违规行为，要让他们制订一个改正此行为的计划，然后安排出以后见面的时间表，以便于评估他们每一次的进步。

领导者要讲究批评的艺术，注意工作方法，那么下属也就会在批评中认识自己，提高自己，对上级也不再有抵触情绪。

以适当的方式提醒对方的错误

不要直接批评、责怪和抱怨他人。要学会用委婉的语言提醒某人的错误，使他人感到我们并不认为他们不聪明或无知，决不要伤及人的自我价值感。

面对他人的错误时，最好的办法是以有效的方法使其认识到自己的错误。要做到这一点，就需要宽容他人——但绝不是纵容。委婉或间接地提出你的看法，对方更容易接受。

金无足赤，人无完人，人生在世，孰能无过。生活中，我们和他人沟通是不可避免的，在这个过程中，经常会发现他人身上的缺点和过错。一般说来，人都有自知之明。人们发现自己的错误后，会对过失的性质、危害、根源等进行一些反思。但是，旁观者清，当局者迷。自己的反思再深刻，总是没有旁观者看得清楚。因此，当我们发现他人的过失时，予以及时的指正和批评，是很有必要的。有人说赞美如阳光，批评如雨露，二者缺一不可，这话是十分有道理的。在沟通中，真诚的赞美是必不可少的，但中肯的批评也是必要的。

很多人认为，批评都是得罪人的事。其实不然，不是有"良药苦口、忠言逆耳"的说法吗？的确如此。但是，之所以如此，恐怕主要还是与我们批评别人的技巧有莫大的关系吧。医学发展至今，很多良药已经包上糖衣，或经过蜜炙，早已不苦口了；那么，我们为什么不能研究一下批评他人的技巧，把忠言变成顺耳的呢？

批评他人的技巧，到目前来说还是鲜为人知。说到批评这个词，人们就会很容易想到损人、让人丢面子、颐指气使等等。然而，在沟通中，假如想要让自己的人际关系保持融洽，在批评他人时绝不应有上述情况。要知道，我们批评人的真正目的并不是要把对方整垮，而是要对他有所帮助。因此，真正的批评，一定不能直接批评他人，伤害对方的自尊心，而是要在维护对方自尊心的基础上，帮助他认识所犯过失的性质、危害、根源等，让对方更加正确地行事，也使自己拥有一个更加和谐的人际关系。

恰当地对别人进行批评也是一门艺术。批评别人而要使其口服心服，就要讲究窍门。

指出别人错误要用委婉含蓄的方式，不要太直接了。含蓄委婉地指出他人的过错，能激发起他人的羞愧之心并使之心存感激，从而使其在以后的工作中能更加兢兢业业，能积极努力地去纠正自己的过失，使境况大为改观。

委婉是说话时的一种修辞方法，即在讲话时不直接诉述其本意，而是用委婉的方法加以烘托或暗示，让他人通过自己的思想得出结果，从中揣摩出深刻的道理。

我们要想劝阻一件事，就要记住永远避开正面的批评与指责。如果有必要的话，我们不妨用委婉的语言方式去暗示对方。对人正面的批评与指责，会毁损了他人的自重，剥夺了他人的自尊心。如果用委婉的语言提醒某人的错误，使对方知道你的用心良苦，他不但会接受你的意见，而且还会从心底里感激你。

忠告时，要注意语言表达方式

对于聪明人来说，劝告是多余的；对于愚昧人来说，劝告是不够的。这是著名作家莫里哀的话。

忠告，对于帮助他人和建立真诚的人际关系，起着难以替代的重要作用。可以这样讲，不能给予他人忠告的人不是真诚的人，因为这样的人不会将自己的真实感受告知对方。

我们应欢迎他人的忠告，更应该给人以忠告。实际上，一般人都讨厌忠告，忠告听起来总是不那么顺耳。究其原因，就是由于说者言语表达不当的结果。

人是一种感情动物。一般人很容易受感情的支配，即使内心有理性的认识，但仍然容易受反感情绪的影响而难以听进忠言。

一个中学生在外面游荡一天之后心生悔意，暗暗下决心回家学习。他一走进家门，当母亲的就急不可耐地对儿子说："你又到哪里疯去了？还不快去复习功课，看你将来还考得上大学！"儿子生气地顶撞母亲说："哼，上大学，上大学，我就不信不上大学就混不出人样！"在逆反心理的驱使之下，儿子怒气冲冲地跨出了家门。就这样，母亲的一番苦心白费了。

看来，仅有为别人着想的良好愿望还不行，忠告也需要有技巧，否则就会收到相反的效果。在给予他人忠告时，假如能够注意忠告的三个要素，你的忠告就会被人接受，忠言听起来也就不会逆耳了。

（1）不要用比较的方式提出忠告

就是不要以事与事、人与人相比较的方式提出忠告。因为此时的比较，往往是拿他人的长比对方的短，这样很容易伤害对方的自尊心。

一位母亲这么忠告自己的儿子："我说小朋，你看隔壁家的小明多有礼貌，多乖！你和人家同年生，你还比他大两个月，你要好好向他学习，做个好孩子！"儿子听了母亲的话，或许会一言不发，但他内心的真实想法是："哼，整天说小明这也好那也好，干脆让他做你的亲生儿子好了！"这样一来，儿子的自尊心受到了伤害，母亲的忠告反而起到反效果。

（2）给人忠告要谨慎行事

说到底，忠告是为了对方，为对方好是忠告的根本出发点。由此，要让对方明白你的一番好意，就必须谨慎行事，不可疏忽大意、随便草率。此外，给人忠告时，态度一定要谦和诚恳，用语不能激烈，也不要过于委婉，否则对方就会产生反感情绪。用语激烈，对方就会认为你趁机教训他；言语过分委婉，对方就会认为你假惺惺。

（3）给人忠告要选择适当的时机和场合

当你的下属尽了最大努力而最终没有将事办好时，此时最好不要向他们提出忠告。假如你这时不合时宜地说"假如不那样就不会这么糟了"之类的话，即使你指出了问题的要害且句句在理，而下属心里却会产生"你没看见我已经拼命努力过了吗？"的反感，这时，忠告的效果当然不会好。相反，假如此时你能说几句"辛苦你了"、"你已做了最大努力"、"这事的确比较难办"之类的安慰话，然后再与下属一起分析失败的原因，最终下属就会欣然接受你的忠告。

此外，在什么场合提出忠告也很关键。原则上讲，提出忠告时，最好采取"一对一"的方式，千万不要当着他人的面向对方提出忠告。由于这样做，对方就会受自尊心驱使而产生抵触情绪。

综上所述，在我们向他人提出忠告时，一定要讲究方式方法，特别是要注意语言表达方式，使忠言听起来不逆耳，这样才能不伤害他人的自尊心，让他人欣然接受，最终达到忠告的目的。

第五章
劝导说服恰到好处
——解开他人的心绪

说服的话语每个人多少都具备一点，但说服技巧并非人人都能掌握。随着社会的发展和进步，说服话语对每一个想要实现自我价值和取得成功的人来说，已是一项不可或缺的要素。说服好比打仗，对方就是你要征服的对象，你要想尽一切办法使他投降，这就涉及到说服的战略战术。细心研究，不难获得好的说服技巧。巧妙地说服是有准则、有技巧、有章可循的。准确得体、巧妙恰当的说服，让人听后如沐春风，能轻松地达到说服的目的。

形象生动的语言最有说服力

形象化的语言能让听众的视觉、听觉、嗅觉、味觉都一起参加接收活动，大大增强了语言的感染力。此外，它也是构成其他语言风格的基本手段。

为使语言形象生动，须做到如下几点：

（1）选用有色彩、形象的词语。色彩词和形象词可将听觉形象转化为视觉形象，而视觉形象留给人的印象往往比听觉形象留下的印象更深刻。

（2）运用各种修辞手法，如比喻、拟人、夸张等。这些修辞手法可用浅显通俗的事物或道理来说明比较复杂、抽象的事物或深奥难懂的道理。

（3）要注意寓理于事，将深刻的道理寓于具体事实之中。那种干巴巴的说教，往往使听者乏味。要学会善于运用生动典型的事例阐明事理，增强语言的魅力。

作家李准曾自负地说："没有几下绝招，难得当个作家！我的看家本事是：三句话叫人落泪，三分钟过戏，把读者的心放在我手心里揉，叫他噙着眼泪还得笑！"

时逢"常香玉舞台生涯五十周年庆祝会"，文艺界名流齐来祝贺。专好插科打诨的电影导演谢添一把拉住李准说："李准，我想当众试试你！你说三句话，能让常香玉哭一场，我才服你！"

李准皱皱眉，看看众人，摊摊手为难地对常香玉说："香玉，你看看老谢！今天是你大喜的日子，他偏偏让你哭，这不是难为人吗？"

常香玉说："你今天能让我哭，算你真有本事！"

谢添说："或者签字认输也行！"

李准依旧为难地说："香玉，咱们能有今天，多不容易啊，论起来，你还是我的救命恩人哩！我十来岁那年，随逃荒的难民群到了西安，眼看人们都要饿死了，忽然有人喊：大唱家常香玉放饭了，河南人都去吃吧！哗——人们一下子都涌去了！我捧着粥，泪往心里流。想，日后见了这个救命恩人，我给她叩个头！哪想到在一次战乱中，你被押在大卡车上游街，让你'坐飞机'！我站在一边，心里又在流泪，我真想喊一句，让我替替她吧，她是俺的救命恩人哪——"

"老李！你……别说了！"

常香玉猛然打断李准的话，捂住脸，转过身，满眼泪水滚下来，把手绢打湿了。

大厅里没有一点声息。众人望着李准，沉浸在他讲的故事里，忘记了这里在打赌，连谢添也轻轻吸了一下鼻子……李准能说哭常香玉，靠的除了真挚的感情，再就是形象生动的语言描述功底。有了这样的说话本事，自然更容易让别人接受你。

看来语言确实是有魔力的。有的人一天到晚说的话并不少，可废话、套话、闲话多，有意义、能对他人产生影响的话很少。而像李准这样的说话高手，能够最大限度地发挥语言的魔力，让语言直指人心，有这样的说话水平，什么事做不成呢？

形象生动的语言把无形变成有形，把抽象变成具体，把枯燥变成生动，大大吸引了听众的注意力。

说服别人的六种妙法

在生活中需要说服的对象有很多，他们可能是你的父母、你的上司、你的顾客、你的朋友、你应聘的主考官……有时候，某些人欲在你身上实施犯罪行为的时候，你更应该临危不惧，巧妙地使用说服技巧，使他放下"屠刀"，避免造成严重的恶果。在生活中，随时可能遇到要说服别人的情况，如果不掌握技巧，说服就难以达到理想效果，为此本文总结了以下六种说服技巧供大家参考。

（1）争取同情，以弱克强

渴望同情是人的天性，如果你想说服比较强大的对手时，不妨采用这种争取同情的技巧，从而以弱克强，达到目的。

（2）善意威胁，以刚制刚

很多人都知道用威胁的方法可以增强说服力，而且还不时地加以运用。这是用善意的威胁使对方产生恐惧感，从而达到说服目的的技巧。

（3）重视事实，事实说话

当一种观念进入心底很长时间时，有时外人用话语的确难以叫它改变。此时，也许只能用事实这种最有力的武器来说服他了。

改变一个人对一件事的偏见，就要找到与他观念相悖的事实，自然而然地引进这个事实，并在时机成熟时阐述它，发挥它，使之真正成为你的有力论据。

若要改变一个人对另一个人的偏见常常要难得多。但用同样的方法也可以做到，只不过需要更长的时间，更多的坚持，也即需要积累更多的事实。让事实说话，让说话的声音更强大。

（4）重视数据，活用数字

我们生活在数字的世界里，我们每天所见、所闻与所思的一切，几乎没有不涉及数字的。基于此，我们对数字或多或少均产生麻木或厌烦的感觉。其实，这样的感觉是很自然的，因为数字只是代表事实的一种符号，而非事实本身。在说服他人时运用数字，希望你能留意下面两个要领：

1）除非必要，否则不要随便提出数字。你抛出的数字过多，不但令对方感到纳闷而关闭心扉，而且也会令听众觉得你没人情味，因为你所关心的只是冷漠的数字。

2）要设法为枯燥的数字注入生命，这即是说，要让数字所代表的事实，能成为一般人生活经验中的一部分。只有这样，人们对数字才感到亲切，也才能产生兴趣。举例来说，下面的第一种数字陈述方式若能改为第二种陈述方式则其影响力将显著加大：

①"假如各位接纳我的提议，则公司每个月至少能节省 67453750 元的开支！"

②从另一个角度来说，倘若这项节省下来的开支，能以加薪的方式平均分配给公司的每一位成员，则每一个人每一个月的工资将增加 3500 元！"

（5）投其所好，以心换心

站在他人的立场上分析问题，能给他人一种为他着想的感觉，这种投其所好的技巧常常具有极强的说服力。要做到这一点，"知己知彼"十分重要，唯先知彼，而后方能站在那个对方立场上考虑问题。

（6）寻求一致，以长补短

习惯于顽固拒绝他人说服的人，经常都处于"不"的心理组织状态之中，所以自然而然地会呈现僵硬的表情和手势。对付这种人，如果一开始就提出问题，绝不能打破他"不"的心理。所以，你得努力寻找与对方一致的地方，先让对方赞同你远离主题的意见，从而使之对你的话感兴趣，而后再想法将你的主意引入话题，而最终求得对方的同意。

透彻了解对方是说服的基础

"知己知彼，百战百胜"这句老话，是很有道理的。战争如此，说服人也必须如此。在说服对方之前，必须透彻地了解被说服对象的有关情况，以便有针对性地进行工作。了解的内容主要有：

（1）了解对方的兴趣

有人喜欢绘画，有人喜欢音乐，还有人喜欢下棋、养鸟、集邮、书法、写作等，人人都喜欢从事和谈论其最感兴趣的事物。从这里入手，打开他的"话匣子"，再对他进行说服，便较容易达到说服的目的。

（2）了解对方性格

不同性格的人，对接受他人意见的方式和敏感程度是不一样的。如：是性格急躁的人，还是性格稳重的人；是自负又胸无点墨的人，还是有真才实学又很谦虚的人。掌握了对方的性格，就可以按照他的性格特征，有针对性地开展工作。

（3）了解对方的长处

一个人的长处就是他最熟悉、最了解、最易理解的领域。如有人对部队生活熟悉，有人对农村生活比较熟悉，有人擅长于文艺，有人擅长于语言，有人擅长于交际，有人擅长于计算等。

在说服人的时候，要从对方的长处入手。第一，能和他谈到一起去；第二，在他所擅长的领域里，谈论起来他容易理解，更容易说服他；第三，能将他的长处作为说服他的一个有利条件，如一个伶牙俐齿、善于交际的人，在分配他做供销工作时可以说："你在这方面比别人具有难得的才能，这是发挥你潜在能力的一个最好机会。"这样谈话既有理有据，又能表明领导者对他的信任，还能引起他对新工作的兴趣。

（4）了解对方当时的情绪

一般地说，影响对方情绪的因素有：一是谈话前对方因其他事所造成的心绪仍在起作用；二是谈话当时对方的注意力正集中在哪里；三是对说服者的看法和态度。所以，说服者在开始说服之前，要设法了解他当时的思想动态和情绪，这对说服的成败，是一个重要的环节。凡此种种，你都要悉心研究，才能够有针对性地采取你说服的方式。

了解对方是有许多学问的。许多人不能说服别人，是因为他不仔细研究对方，不研究用适当的表达方式，就急忙下结论，还以为"一眼看穿了别人"。这就像那些粗心的医生，对病人病情不了解就开了药方，当然没有不碰钉子的。

找到他的软肋

每个人都有自己的弱点，而这个弱点又是他自己轻易不能发现的。因此，在我们说服别人的时候，就一定要利用好这个弱点。

有的人处于有利地位，认为只要自己提出要求，别人的东西就会如愿成为自己的囊中之物。对这种人若你实力不济却要从实力上见真章自然不行，应该意识到，他能威胁于你靠的是实力，而你也一定可以找到他的软肋。你以硬气的态度威胁他的软肋，就可能达到挫其锐气的目的。

战国时代，各国争雄，互相侵扰，为了使自己立于不败之地，一大批善于辞令的谋臣辩士便应运而生。

一天，秦王派人去告诉安陵君：秦国愿意用土地 500 里来换 50 里的安陵。安陵君说："承蒙大王照顾，用大的换小的，真是好极了！不过，我们的土地是祖先传下来的，我不敢调换。"秦王知道后很不高兴。为了说服秦王，安陵君派唐雎出使秦国。

唐雎来到秦国，拜见秦王。秦王十分傲慢地对唐雎说："我用 500 里的地方来换安陵，安陵君却拒绝我，这是什么理？况且，秦国已经灭掉韩国、魏国，安陵君只有 50 里的地方却偏偏存在，是因为他是个谨慎的人，我没有把他放在心上的缘故。如今我用 10 倍的土地来扩大安陵君的地盘，他却违抗我，这不是轻视我吗？"

唐雎说："不，不是这样。安陵君从祖宗那里继承的土地要永远保住它，即使拿1000里土地也不敢调换，何况只500里呢？！"

秦王听了甚为恼怒，说："你可曾听说过天子发怒吗？"

唐雎说："我没有听说过。"

秦王说："天子一发怒，会使百万尸首横地，鲜血流淌千里！"

唐雎说："大王可曾听过布衣之士发怒吗？"

秦王说："布衣之士发怒，想来也不过是扔掉帽子，空手赤脚，用脑袋撞地罢了！"

唐雎说："这是常人的发怒，不是士人的发怒。从前，专诸替吴公子行刺吴王僚的时候，彗星冲击月亮；级政为严仲子杀韩愧的时候，白虹穿过太阳；刺客要行刺吴王僚的儿子庆忌的时候，苍鹰在殿上扑击。这三位都是布衣之士，他们的满腔怒火还未迸发，上天就降示预兆。现在加上我，将要变成第四人了。如果布衣之士非要发怒不可，倒在地上的尸体虽只两具，流血不过五步，可是天下的人都要穿上丧服。现在是时候了！"说完，他拔出宝剑，跃起身来。

秦王吓得变了脸色，向唐雎道歉，说："先生请坐。我明白了，韩、魏两国所以灭亡，而安陵只有50里还能存在，就因为有你先生在啊！"

秦王用500里换安陵君的50里领地，显然是个政治阴谋：安陵君如果同意交换，500里地很显然不能到手，并且失去了祖传的"根据地"；如果不同意交换，则背上了违抗轻视秦国的罪名，也会被吞并。安陵君岌岌可危！然而先秦时代，"三寸之舌，强于百万之师"。唐雎胸有成竹，以布衣之士发怒相对，在辨析常人之怒与士人之怒的不同并连举三例之后，用"倒地尸体两具"对"百万尸首横地"，用"流血不过五步"对"鲜血流淌千里"，结果是士人之怒会使天下人都要穿丧服，同时拔剑跃身，宣称"是时候了!"吓得秦王连连道歉，放弃了侵吞安陵的计划。没有唐雎的针锋相对，安陵君怎么能自保呢?

说"硬"话主要不是去批驳对方论点的错误，指责对方的可笑或荒谬，而是用与其相类、相对或相反的论点去智取对方，兵来将挡，水来土掩，寸土不让，占据制高点，这样就能居高临下，势如破竹，威震对方。

因人制宜巧言激将

常言说:"请将不如激将。"在人才的运用上，如能够使用巧言激将法，将会收到意想不到的效果。

要想让别人心甘情愿地去做一件事，最有效的说话方法之一是"激将法"，这种方法可以探察别人观点，并激起他对某一事物的态度和愿望，并非要别人去直接操纵他，而是要他做对他自己有利而又符合你的想法的事。用"激将法"要注意，最好让他觉得不是你的主意而是他自己的主意。

某厂改革用人制度，对中层干部实行毛遂自荐式的竞聘上岗。能力技术俱佳的技术人员小张乃众望所归，然而不知何故，小张迟疑难决。厂领导找他谈话时言辞激烈:"小张，你不也是一位大学的高材生吗?大家对你寄予厚望，没想到你这么没出息，连个车间主任的位子都不敢接，真是窝囊废!"

"我是窝囊废?"小张腾地站起来，说道，"我的大学白上了，连个车间主任也当不了么?"说完就激情满怀地走进领导的办公室。

巧言激将一定要注意区别对象，并根据性格特征因人施法，犹如对症下药，方能于病有益。否则，只会白费唇舌，枉费心机。

巧言激将法还要看准时机，出言过早，时机不成熟，易使人泄气；出言过迟，又成了"马后炮"。

除注意把握时机外，还要注意分寸，运用激将法，不痛不痒的语言犹如隔靴搔痒；但言语过于尖刻，也会使人反感。总之，巧言激将要灵活运用。这里介绍几种用法：

（1）直激法。就是面对面直截了当地刺激对方，激发他的自尊心。

（2）暗激法。有意识地褒扬第三者，暗中贬低对方，运用人们争强好胜的心，激起他压倒别人、超过别人的强烈愿望。

此中的巧妙之处在于旁敲侧击，刺中对方不甘落后于他人的自尊心，使他萌发一种非要超过第三者，以胜利者的姿态昂然屹立的念头。

（3）导激法。面对不同的被激对象，有时简单的否定、贬低收效甚微，还需要"激中有导"，用明确的或诱导性的语言，把对方的热情激发起来。

例如，某校有一学生爱打架，一次，他打了一位同学还自诩为英雄。老师批评他说："打架算什么英雄，学习超过别人，那才是真正的英雄。"老师又给他讲了几个古人最初贪玩，后来立志求学方成大器的故事。那个学生从此发愤学习，在后来的期末考试中取得了可喜的成绩。

说服别人的六大基本方法

有些人说服人经常犯的弊病，就是先想好几条理由，然后去和对方辩论；还有的是站在长辈的立场上，以教训人的口吻，指点别人该怎么做。这样一来，就是等于先把对方推到错误的一方，因此，效果往往不好。说服人的方法和技巧很多，以下几种是比较实用和简便的：

（1）用热忱的感情来感化他

当说服一个人的时候，他最担心的是可能要受到的伤害，因此，在思想上先砌上了一道墙，在这种情况下，不管你怎么讲道理，他都听不进去。解决这种心态的最有效的办法就是，要用诚挚的态度、满腔的热情来对待他，在说服他的时候，要用情不自禁的感情来感化他，使他从内心受到感动，从而改变自己的态度。

（2）通过交换信息促使他改变

实践证明，不同的意见往往是由于掌握了不同的信息所造成的。有些人学习不够，对一些问题不理解；也有些人习惯于老的做法，对新的做法不了解；还有些人听人误传，对某些事情有误解，等等。在这种情况下，只要能把信息传给他，他就会觉察到行为不是你所想得那么美好，进而采纳领导者的新主张。

（3）用高尚的动机来激励他

在一般情况下，每个人都崇尚高尚的道德、正派的作风，都有起码的政治觉悟和做人道德。所以，在说服他人转变看法的时候，一个有效的办法就是，用高尚的动机来激励他。比如说这样做将对国家、公司带来什么好处，或将对家庭、对子女带来什么好处，或将对自己的威信有什么影响，等等。这往往能够很好地启发他，让他做应该做的事。

（4）激发他主动转变的意愿

要想让别人心甘情愿地去做某事，最有效的方法，不是谈你所需要的，而是谈他需要的，教他怎么去得到。所以有人说："撩起对方的急切愿望，能做到这一点的人，世人必与他同在；不能的人，将孤独终生。"

探察别人的观点并且在他心里引起对某项事物迫切需要的愿望，并不是只要操纵他，使他做只对你有利而不利于他的某件事，而是要他做对他自己有利，同时又符合你的想法的事。这里要掌握两个环节：一是

第五章

劝导说服恰到好处

——解开他人的心绪

说服人要设身处地地谈问题，要把别人的事当作彼此互相有利的事来加以对待；二是在促使他行动的时候，最好让他觉得不是你的主意而是他自己的主意。这样他会喜欢，会更加主动和积极。

（5）提高对方"期望"的心理

被说服者是否接受意见，往往和他心目中对说服者的"期望"心理有关。说服者如果威望高，一贯言行可靠，或者平时和自己感情好，觉得可以信赖，就比较愿意接受他的意见；反之，就有一种排斥心理。所以作为领导者，平时要注意多与下属交往，和他们建立深厚的感情，这样在工作的时候，就能变得主动有力。

（6）用间接的方式促使他转变

说服人时如果直接指出他的错误，他常常会采取守势，并竭力为自己辩护。因此，最好用间接的方式让他了解应改进的地方，从而达到让他转变的目的。所谓间接的方法是多种多样的，如把指责变为关怀；用形象的比喻来加以规劝；避开实质问题，谈与之相关的事；谈别人的或自己的错误来启发他；用建议的方法提出问题，等等。这就要靠领导者根据实际情况创造性地加以运用。

说服别人不但要有好的口才，更是一种微妙的心理互动，是心理需求和心理动机在不断改变的过程。社会心理学家研究发现，说话时讲究心理战术，才能让你说话更有说服力。

硬里也可以来点软

有些时候对某些对象，光来硬的会激其死抗硬顶，先来软的他又会欺你无能，这就需要软的硬的一起上，软中带硬，硬中带软，通过权衡作出选择。

箭在弦上，不得不发，生活中有人会因为不得已而一头撞南墙或铤而走险，如果不能及时制止，往往就会给社会及个人带来预想不到的危害。所以针对这种状况下的人应晓之以理，动之以情，让他们尽快地放弃不正当的想法和行为。而劝其放弃错误行为的最佳方法便是软硬两手一起上。

　　在康熙年间，三藩作乱，吴三桂手下有一员战将韩大任，率部在湖南与清军作战失利后退到福建准备攻打汀州。

　　当时在福建与叛军作战的清军统帅康王杰书欲发兵武力进剿。这时，康王的属下吴兴祚出来反对发兵进剿，主张招抚。此人见多识广，口若悬河，很得康王信任，康王也考虑到兵力不足，于是便采纳吴兴祚的意见，派吴前往叛军驻地招抚韩大任。

　　吴兴祚带了几个随从，快马加鞭来到叛军驻地。他一见到韩大任，便号啕大哭起来，把韩大任搞个莫名其妙，忙问缘由。吴兴祚面带悲伤开诚布公地说："我这次来是专为吊唁您而来的，叫我怎能不哭？"韩大任忙问："你说这话是什么意思？"吴兴祚不慌不忙地回答说："将军你所以威行天下，是由于吴王对您格外器重。现在吴王把兵权交给您，深信不疑，实指望您建功立业，广占天下，可是您几年却寸功未建，损失惨重，吴王现在还能看重您吗！现在您又冒险准备攻打汀州，可汀州守军早已严阵以待，您觉得以疲惫之师攻打精锐军队能够打胜吗？如果一旦战败，吴王还能原谅您吗？所以我说将军死期已近，前来预先吊唁。"听完吴兴祚的一席话，韩大任低头不语。沉默片刻，韩大任问吴兴祚："你看我归顺康王怎么样？"吴兴祚一看时机已经成熟，忙说："我这次来就是受康王的委派来劝说将军归顺的，将军如能够弃暗投明归顺国家，当是建功立业的绝好时机。"一番话终于说服了韩大任，使韩大任带领数万军队归附了朝廷。

　　铤而走险的人大多都有后悔之意，只不过在没有退路的前提下才不得已而为之，如果你能晓以利害，并加以安抚，一般情况下是都能诱导成功的。

1977 年 8 月，克罗地亚人劫持了美国环球公司从纽约拉瓜得机场至芝加哥奥赫本的一架班机，在与机组人员僵持不下之时，飞机兜了一个大圈，越过蒙特利尔、纽芬兰、沙浓，最终降落在巴黎戴高乐机场。在这里，法国警察打瘪了飞机的轮胎。

飞机停了 3 天，劫机者同警方僵持不下，法国警方向劫机者发出最后通牒："喂，伙计们！你们能够做你们想做的任何事情，但美国警察已到了。如果你们放下武器同他们一块回美国去，你们将会被判处 2 ~ 4 年徒刑。这意味着你们也许在 10 个月左右被释放。"

法国警察停顿片刻，目的是让劫机者将这些话听进去。接着又喊："但是，若是我们不得不逮捕你们的话，按我们的法律，你们将被判死刑。那么你们愿意走哪条路呢？"劫机者被迫投降了。

本例中的劫机者一方面因为机组人员的抗衡和警方的追捕而无法达到预定的目的，另一方面由于不清楚警方的态度而不敢轻易放下武器，陷入了进退两难的痛苦局面。法国警察在劝说中明确地向对方指出了两条道路：投降或者顽抗，投降的结果是 10 个月左右的徒刑，而顽抗的结果只能是死刑。面对这两条迥异的道路，早已心慌意乱的劫机者识相地选择了弃械投降。

对铤而走险者最忌的一招就是不留退路。俗话说一不做，二不休，搬倒葫芦撒了油，兔子急了还咬人呢，何况人乎。所以，说话办事中，凡遇有一头撞南墙的人切记不可把话说绝，否则物极必反，会把一个本来可以有挽救余地的人或事逼向绝路。

因势利导可谓"方"得其所

说服别人的方法有很多，但当你说服自己的敌人时，就一定要小心了。你可以让他顺着你的思路走下去，牵着他的鼻子走。最后，你一定能说服他。

说服"敌人"要讲究说话的技巧，这时候就可以用一些不软不硬的话，因势利导，让他顺着自己的思路来思考问题，最终让对方得出自己想要的结论。

有一年楚国攻打吴国，吴国势单力薄，吴王派沮卫给楚军送一份厚礼，顺便了解一点军情。谁知沮卫给楚兵抓住了，把他绑得紧紧的，说要杀了他，拿来衅鼓（杀牲口，用其血涂新鼓上的缝隙）。

面对死神，沮卫不慌不忙，面无惧色。楚将问他："你出发前占卜过吗？"

"占卜过的。"

"吉凶如何？"楚将望着被五花大绑的沮卫，洋洋得意地问道。

"大吉。"沮卫的答案正和楚将问话的原意相反。

楚将高声大笑："如今就要杀掉你了，还有什么大吉啊！"

沮卫的答话仍和楚将想的完全相反："吴王派我来，目的就是要试探你们的态度。如果你们对我以礼相待，那么，吴国就会放松戒备；如果你们杀了我，还拿我的血衅鼓，吴国一定会百倍警惕。这对吴国不正是件天大的好事吗？"

"然而你自己完蛋啦，这怎么能说是大吉呢？"楚将追问道。

沮卫的第三次应答还是和问者意思相反的："我占卜是问国家前途，并非为我个人。如果杀了我就能保全整个国家，这怎么不是大吉呢？更

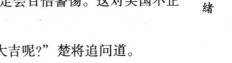

何况人死了便没有知觉了，拿我来衅鼓对你们有何好处？要是人死了仍有灵魂，那么，我肯定要附在你们的鼓上，在战斗最激烈的时候显灵，让你们的战鼓发不出响声，使你们一败涂地！"

楚将听了束手无策，思考再三，总感到杀沮卫衅鼓已无甚好处，只得长叹一声说："算了，放了他吧！"

沮卫以不软不硬的说话技巧保住了自己的性命。当然并不是非要在性命攸关的时候才使用这一技巧，其要点是让对方觉察不到你的硬与软，而硬与软这两手都已经包含在你的娓娓劝导中了。江湖经验丰富的老钟正是用了这一说话技巧才得以"全身"而退。

老钟从河南出差到武汉，有位年轻同事正准备结婚，想买一台高档进口彩电，便托老钟帮忙带回一台大屏幕彩电。

到武汉后，老钟听说汉正街的货物美价廉，尤其是小孩子的衣服比商场便宜许多。便想先去逛逛汉正街，给孙子买几件衣服，再到商场替同事看电视机。

到了汉正街，老钟发现果然名不虚传。于是替小孙子选了几套衣服，付完钱老钟正准备走，忽然发现钱包不翼而飞了。这下老钟可着急了，包里有同事的几千元钱！明明刚才付款时才拿出来的，怎么可能一下子就不见了？刚才旁边也没什么人，只有卖衣服的姑娘和自己两人。老钟思考，十有八九是卖衣服的姑娘随手把钱包塞进了衣服堆里。

老钟问姑娘："小同志，看见我的钱包没有？"

姑娘一听，翻了脸："噢，你是说我拿了？那你去叫警察呀！"

老钟一听，姑娘的口气不对，自己并没有说她拿了，只是询问一下，她这不是"此地无银三百两"吗？

老钟明白，自己只有一个人，一离开小摊，赃物转移，那就再没希望了。如果和她来"硬"的，只会把关系弄僵。于是，他决定来"软"的，他笑了笑说："我也没说是你拿了，是不是忙中出错，混到衣服堆里去了。"这话很有分寸，给姑娘下台准备了台阶。

这时来人买东西，打断了说话。他摆出了"持久战"的架势，盯着货摊。姑娘显得有些心神不安。

等货摊又只剩他们俩时，他压低声音悄悄地说："姑娘，我一下子照顾了你五六十元的生意，你怎么能这样对待我呢？我看你年纪轻轻的，在这个热闹街道摆摊，一个月收入几百上千，信誉要紧呐！"这话有恳求、有开导，还有暗示，说得姑娘低下了头，显然在进行思想斗争。

他继续道："这钱是小青年托我带结婚用的东西。要是丢了，我一个工薪阶层，哪里赔得起呀！我这一大把年纪了，还出这种事，叫我怎么有脸回去见人啦！姑娘，你就替我仔细找找吧。"

姑娘终于经不住他的恳求，说："我给你找找看。"

他说："我知道你会帮助我的。"

果然，姑娘就坡下驴，翻了一阵子，在衣服堆里"找"出了钱包，羞答答地还给了他。

说服之道攻心为上

说服不只是一种理性推论，更重要的是一种心理互动过程，这个过程的进展综合了知、情、意诸因素。

某市剧场门前不许设小摊，唯有一位年近六旬的老妇人例外，用剧场管理人员的话说："老太太年岁大，嘴又厉害，不好对付。"某日，市里要检查市容与卫生，剧场管理人员要老太太把摊子拆了，老太太大声嚷道："天天都让卖，今天却不许卖，难道世道变了吗？"

"世道没变，检查团又来了，影响市容要罚款的。"管理人员加重了语气。

"市容关我屁事！"老太太干脆利索地结束了对话。

管理人员无计可施，只好悻悻而退，这时分管这一片的经理走了过来，哈哈一笑说："您一大把年纪，没早没晚的，又能挣几个钱呢，检查团来了，真要罚了你，您还能打场官司不成？再说，检查团不会天天来，饭可是要天天吃，生意可是要天天做的呀。"

老太太一听，这分明是在为她着想，立刻收拾起摊子离开了，显然，劝说的方式不同，结果也就两样。

由于说服的对抗性特征，或多或少地会给受劝人带来心理上受胁迫的感觉，产生冷漠、反感等抵触情绪或逆反心理。

因此，以理服人虽说是说服的基本方法，但仅仅有"理"不一定能服人，还需辅之以"情"，用"情"来填补对方自尊的"空洞"，平衡对方的挫折心理，拉近与对方的情感距离，情通后理达。

以势压人不如以理服人，以理服人又不如以情动人。

因此，人们在进行说服工作时，一定要注意这样的事情，有时一个人坚持一种想法，绝不是偶然的，他必定有自己的理由，而且他讲的道理一般都符合集体的利益或人之常情。但这常常不是他的真实想法，他的真实想法怕拿出来被人瞧不起，难于启齿。如果人们能真正了解对方的"苦衷"，就能有针对性地加以解决。

第六章

辩解与圆场恰到好处
——误会这样解开

人与人之间产生矛盾是在所难免的,这时,就需要有个人来化解矛盾。这也就是我们常说的"打圆场"。打圆场是需要技巧的,有时三言两语并不能了事。因此,化解矛盾的语言要诚恳,这样才能使矛盾双方都信服,并从而接受你的建议或意见。

不要抓别人的隐私、痛处大做文章

"揭短"是有心也好，无意也罢，在待人处世中揭人之短都会伤害对方的自尊，轻则影响双方的感情，重则导致友谊的破裂。

俗话说："人要脸，树要皮。"所谓脸，就是人的自尊。人若没有自尊，那便无药可救了。没有自尊的人有两种情况：一种是自己失去的，一种是叫人给伤害的。对前一种人，我们可做的努力或许很少，但后一种情况我们却要千万注意，切不可随便伤害别人的自尊心。

比如，有些人由于工作上能力较差，时常做不好事情，反而给人添麻烦，于是一个单位的各个部门都不想要他，似乎没有地方肯接纳他。有的领导便会对人说："他要是能走，我磕头都来不及!"这种话便是伤人自尊心的。

事实上，即使是在工作场所中被视为无用的人，也有他自己的想法与自尊心。他或许看似低能，却在某一方面潜藏着特长；也许，他一无所长，但他却也因此比别人更勤奋卖力。偌大一个单位，总该有适合他的工作可做，而不应对他抱嫌弃的态度。

有的人本身并不低能，但因为做错了事，也会引得某些人说出伤人自尊心的话来。比如："你是什么东西？你以为我不知道你的老底吗？"或者说："你这种家伙，成事不足，败事有余!"这种话一出口，不是叫人心灰意冷，就是引起大吵大闹。

调查研究表明：凡是自尊心很强的人，不论在什么岗位上，都会尽自己的努力而不甘落后于人。明智的人要保护他人的自尊心，还要想方设法维护他人的名誉及人格尊严。比如，注重礼貌，让他们充分体会到自己作为一个人与他人在人格上是平等的，或使用适当的褒奖，让他们有荣誉感，等等。

自尊心受到损伤的程度是不同的，有的属于局部的，就是说，被伤害者的自尊心并未完全失去，他还能感觉到自己受了伤害，这样他就必然记住伤害他的人，对之产生反感、厌憎乃至仇恨。

如果这个人是他的领导的话，他要么积极地谋划调离本单位，要么便采取"不合作态度"。只要是你说的话，你下的指示，他都不会尽心尽力、甘心情愿地去办。这样，怎么可能把工作搞好呢？

另一类伤害是全部的，就是说，被伤害者已经全然失去了自尊。他甚至感觉不到什么叫自尊心受伤害。他自暴自弃，自甘下流，什么污七八糟的事都干。到头来，他本人是一事无成，工作必然也大受影响。

伤人自尊心是办事大忌，只有懂得充分地尊重别人，让别人心情愉快，人家才能真心实意地与你一起做事。

交谈时要有分寸，一旦触到了对方的隐私和短处，就相当于踏进了社交"雷区"。每个人都有所长，亦有所短，要运用好"避免矛盾、稳中求安"，关键是善于发现对方身上的优点，而不要抓住别人的隐私、痛处大做文章。

明太祖朱元璋出身贫寒，做了皇帝后自然少不了昔日的穷哥们儿到京城找他。有位朱元璋儿时一块长大的好友，千里迢迢从老家凤阳赶到南京，几经周折总算进了皇宫。一见面，这位老兄便大嚷起来："哎呀，朱老四，你当了皇帝可真威风呀！还认得我吗？当年咱俩可是常在一块儿玩耍，你干了坏事总是让我替你挨打。记得有一次咱俩一块偷豆子吃，背着大人用破瓦罐煮。豆还没煮熟你就先抢起来，结果把瓦罐都打烂了，豆子撒了一地。你吃得太急，豆子卡在嗓子眼儿还是我帮你弄出来的。怎么，不记得啦！"朱元璋雅兴顿失，这个人当着后宫佳丽和众奴才的面揭自己的短处，让他这个当皇帝的脸往哪儿搁？盛怒之下，朱元璋下令将之痛打然后逐出宫外。

这就是揭人之短的下场。"揭短"，有时是故意的，那是互相敌视的双方用来攻击对方的武器；"揭短"，有时又是无意的，那是因为某种原因一不小心犯了对方的忌讳。

巧妙圆场，打破僵局

"打圆场"运用得好，可以融洽气氛，联络感情，消除误会，缓和矛盾，平息事端，还有利于应付尴尬，打破僵局，解决问题。

生活中我们常会遇到一些争端，这些争端以常法去对待往往不能轻易解决，这时候换一种思路，找到能消除障碍的法宝，让他想争也争不起来，问题自然迎刃而解。

刘复才为江夏县知事，为人极为敏捷，常常在两方争执不下之际，他用一两句话就给双方打了圆场。都督张之洞和抚军谭继洵平时意见就不太一致。这天，刘复才在黄鹤楼设宴，二公及其他客人都在坐。酒过三巡，诸位都有不少醉意了。忽然，一位客人不知怎么谈起了武汉江面有多宽的问题。谭继洵说有五里三分宽，他的话音未落，张之洞就说道："不对！我记得确实，是七里三分宽。"

两人顿时争执起来，互不相让，旁边坐着的诸位客人劝说也无济于事，只好任由他俩争执。

刘复才坐在末座，看见席间这番争执，感到情况不好，继续争下去，搞得不欢而散可就糟了。他急中生智，徐徐举起手来，说道："江面水涨，则宽七里三分。水落，则五里三分宽了。张公是就水涨时说的，谭公则是就水落时说的。两位先生都没有错。"

张之洞和谭继洵听到这话，顿时哈哈大笑起来，席间顿时恢复了原有的轻松气氛。

旁坐的诸客都为刘复才的片语解纷的机敏而折服。

人间需要"和事佬",有机会充当这样的角色,是很有意义的事。有时候,双方陷入僵局,相持不下,顾及脸面,谁也不愿作个高姿态,给对方一个台阶,这时"和事佬"就大有用武之地了。"和事佬"最高超的功夫,就是"打圆场"。

所谓"打圆场",是指交际人双方争吵或处于尴尬境地时,由和事佬出面站在第三者的角度进行调解。打圆场近似于捧场,同是圆滑乖巧之为,但它没有捧场那般肉麻,而且在了结现实矛盾、平息事端的功效上,却比捧场高上一筹。

让他入了套再给他一条活路

高手说话,能把握住对方的命脉,让对方钻入自己事先设计好的圈套中,这是整一整对方。然后,再根据情况,让对方一步。

与对手相争,不能争个没完没了,一旦达到目的就要有所收敛,别把事做绝,更不能把话说绝,让他入了套儿再给他一条活路,这种说话圆满的技巧才叫高明。

胡雪岩的老朋友王有龄曾遇到一件麻烦事,他去拜见巡抚大人,巡抚大人却说有要事在身,不予接见。

王有龄自从当上湖州知府以来,与上面的关系可谓相当活络,逢年过节,上至巡抚,下至巡抚院守门的,浙江官场各位官员,他都极力打点,竭尽巴结之能事,各方都皆大欢喜。每次到巡抚院,巡抚大人总是马上召见,今日竟把他拒之门外,是何道理? 真是咄咄怪事!

王有龄沮丧万分地回到府上,找到胡雪岩共同探讨原因。

胡雪岩道,此事必有因,待我去巡抚院打听。于是他起身到巡抚院，找到巡抚手下的何师爷，两人本是老相识，无话不谈。

原来，巡抚黄大人听表亲周道台一面之词，说王有龄所治湖州府今年大收，获得不少银子，但孝敬巡抚大人的银子却不见涨，可见王有龄自以为翅膀硬了，不把大人放在眼里。巡抚听了后，心中很是不快，所以今天给王有龄一些颜色看。

这周道台到底何方神圣，与王有龄又有什么过节呢？原来，这周道台并非实缺道台，也是捐官的候补道台。他是巡抚黄大人的表亲，为人飞扬跋扈，人皆有怨言。黄巡抚也知道他的品性，不敢放他实缺，怕他生事，但念及亲情，留在巡抚衙门中做些文案差事。

湖州知府迁走后，周道台极力争补该缺，王有龄也使了大量银子，黄巡抚最终还是把该缺给了王有龄。周道台从此便恨上王有龄，常在巡抚面前说王有龄的坏话。王有龄知道事情缘由后，恐慌不已，今年湖州收成相比往年，不见其好，也不见其坏，所以给巡抚黄大人的礼仪，还是按以前惯例，哪知竟会有这种事，得罪了巡抚，时时都有被参一本的危险，这乌纱帽随时可能被摘下来。

对此，胡雪岩却微微一笑，从怀里掏出一只空折子，填上两万银子的数目，派人送达巡抚黄大人，说是王大人早已替他存有银子入钱庄，只是没有来得及告诉大人。

黄巡抚收到折子后，立刻笑逐颜开，当即派差役请王有龄到巡抚院小饮。此事过后，胡雪岩却闷闷不乐，他担心有周道台这个灾星在黄大人身边，早晚会出事。

王有龄何尝不知，只是周道台乃黄大人表亲，打狗还得看主人，如果真要动他，恐怕还不容易。

胡雪岩想来想去，连夜写了一封信，附上千两银票，派人送给何师爷，何师爷半夜跑过来，在密室内同胡雪岩谈了一阵，然后告辞而去。

第二天一早，胡雪岩便去找王有龄，告诉他周道台近日正与洋人做生意，这生意不是一般的生意，而是军火生意。

原来，太平天国之后，各省纷纷办洋务，大造战舰，特别是沿海诸省。浙江财政空虚，无力建厂造船，于是打算向外国购买炮船，按道理讲，浙江地方购船，本应通知巡抚大人知晓，但浙江藩司与巡抚黄大人有隙，平素貌合神离，各有相让，藩司之所以敢如此，是因军机大臣文煜是他的老师，正因为如此，巡抚黄大人对藩司治下的事一般不大过问，只求相安无事。

然而这次事关重大，购买炮舰，花费不下数十万两银子，从中回扣不下十万两，居然不汇报巡抚，所以藩司也觉心虚，虽然朝中有靠山，但这毕竟是巡抚的治下，于是浙江藩司决定拉拢周道台。一则周道台能言善辩，同洋人交涉是把好手，二则他是黄巡抚的表亲，万一事发，不怕巡抚大人翻脸。

周道台财迷心窍，居然也就瞒着巡抚大人答应帮藩台同洋人洽谈，这事本来做得机密，不巧却被何师爷发现了，何师爷知道事关重大，也不敢声张，今日见胡雪岩问及，加之他平素对周道台十分看不起，也就和盘托出。

王有龄听后大喜，主张原原本本把此事告诉黄巡抚，让他去处理。

胡雪岩道，此事万万不可，生意人人做，大路朝天，各走半边。如果强要断了别人的财路，得罪的可不是周道台一人。况且传出去，人家也当我们是告密小人。

两人又商议半晌，最后决定如此如此。

这天深夜，周道台正在做好梦，突然被敲门声惊醒。他这几日为跑炮船累得要死，半夜被吵，心中很是气愤，打开门一看，依稀却是抚院的何师爷。

何师爷见到周道台，也不说话，从怀里摸出两封信递给他。

周道台打开信一看，顿时脸色刷白，原来这竟然是两封告他的，信中历数他的恶迹，又特别提到他同洋人购船一事。

何师爷告诉他，今天下午，有人从巡抚院外扔进两封信，叫士兵拾到，正好何师爷路过拆开信一看，觉得大事不妙，出于同僚之情，才来通知他。

周道台一听顿时魂飞魄散，连对何师爷感激的话都说不出来。他暗思自己在巡抚院结怨甚深，一定是什么人听到买船的风声，趁机报复，如今该怎么办呢？那写信之人必定还会来报复。心想之下，周道台拉着何师爷的衣袖求他出谋划策指条明路。

何师爷故作沉吟片刻，这才对他说，巡抚大人所恨者，乃藩司，但他并不反对买船。如今同洋人已谈好，不买也是不行，如果真要买，这笔银子巡抚院府中肯定是一时难以凑齐，要解决此事，必要一巨富相资助，日后黄大人问起，且隐瞒同藩司的勾当，就说是他周道台与巨富商议完备，如今呈请巡抚大人过目。

周道台听完，倒吸了一口凉气。他在浙江一带，素无朋友，也不认识什么巨富，此事难办！

何师爷借机又点化他，说全省官吏中，唯湖州王有龄能干，又受黄大人器重。其契弟胡雪岩又是江浙大贾，仗义疏财，可以向他求救。

一提王有龄，周道台顿时变了脸色，不发一言。

何师爷知道周道台此时的心思，于是又对他陈述其中的利害，听得周道台又惊又怕，想想确实无路可走，于是次日凌晨便来到王有龄府上。王有龄虚席以待，听罢周道台的来意，王有龄沉吟片刻，道："这件事兄弟我原不该插手，既然周兄有求，我也愿协助，只是所获好处，分文不敢收，周兄若是答应，兄弟立即着手去办。"

周道台一听，还以为自己听错了，赶紧声明自己是一片真心。

两人推辞半天，周道台无奈只得应允了。于是王有龄到巡抚衙门，对黄巡抚道自己的朋友胡雪岩愿借资给浙江购船，事情可托付周道台办。

巡抚一听又有油水可捞，当即应允。

周道台见王有龄做事如此厚道大方，自惭形秽。办完购船事宜后，亲自到王府负荆请罪，两人遂成莫逆之交。

从这个故事中，我们可以细细体会胡雪岩、王有龄办事过程中的说话技巧，这个连环计策的成功，既是智慧的胜利，更是善于卖乖会说话的结果。

凡事不必太较真

有些事情，你非要硬去较真，就会愈加麻烦，相反你若装痴作聋，来他个"难得糊涂"，"无为而治"，也许会有满意的结果。

在某些时候，你不作反应、装聋作哑，反倒是一种最恰当的化解矛盾的技巧，令事情可能解决得更圆满而不露痕迹。

战国时期，楚庄王亲自统率大军出外讨伐，结果大获全胜。当班师回京城郢都时，百姓夹道欢迎，盛况空前。为了庆贺赫赫战功，庄王在渐台宴请群臣。文武百官谈笑风生，无不喜形于色。庄王举杯祝贺，与众卿同欢共乐，并召来嫔妃和群臣同席畅饮。

此时，渐台上钟鼓齐鸣，歌舞不断，人们猜拳行令，兴致极高，不知不觉中日落西山。可是庄王兴犹未尽，遂命点起蜡烛夜宴，又命宠妃许姬斟酒助兴。

不巧，忽然刮来一阵大风，蜡烛都被吹灭。黑暗中，一个人趁着混乱，竟然拉住了许姬的衣袖。

许姬恼怒，又不便声张，挣扎之中衣袖被撕破。直到她机警地扯断那人帽子上的缨带，那人才惊慌地溜掉，许姬走到庄王跟前，附耳禀报了实情，并请庄王查办那个色胆包天之人。

庄王听罢，沉吟片刻，吩咐左右先不要点蜡，然后命令众卿解开缨带，摘下帽子，纵情畅饮。群臣闻言，纷纷解开缨带，摘下帽子，这时庄王才命人掌灯点烛。在烛光之下，但见群臣绝缨饮酒，已无法辨认谁的缨带被扯断了。庄王就像没发生这件事一样，与众人饮至深夜方散。后来，庄王再也没有提起此事。

又过了几年，庄王出兵伐郑，命襄老为前军统帅。襄老回到营地后，召集属下商讨策略。其部将唐狡请命，愿为大军开道，不获全胜不返营。于是，唐狡只带几百名亲兵，连夜奔袭而去。由于唐狡骁勇善战，郑军被杀得落荒而逃。庄王的后续大军竟一路未遇到一个阻兵，直取郑国都城荥阳。

庆功会上，庄王称赞襄老用兵神速，勇敢非凡。襄老却说："实非老臣之力，而是部将唐狡孤胆制敌的功劳。"

庄王遂召见唐狡，并当众加倍赐赏。唐狡忙跪下道："臣受君王之恩赐已经很厚了，哪敢再领赏呢？"庄王惊讶道："寡人并不认识你，怎么说受过我的赏赐呢？"唐狡愧色满面，低声谢罪："绝缨夜宴上扯住美人衣袖的就是我。大王不追究我的死罪，我一直感激你，没有一天忘了这事，所以这一次我率军进攻，是准备以死相报。"

在场的大臣听了，才恍然大悟为什么庄王命令人们解缨摘帽，一时间对庄王的做法都非常敬佩。襄老不禁赞叹道："倘若当初君王不能容人之过，谅解别人，而是在绝缨夜宴上明烛治罪，又怎能得到唐狡拼力死战呢？"

庄王面对突如其来的变故没有小题大做，而是以平静的语气命大家一起解缨摘帽、息事宁人。无独有偶，唐代宗算不得一个明君，但他也曾以不变应万变的说话方式，施展装聋作哑术，平息了一件不大不小的纷争。

唐代宗时，郭子仪在扫平安史之乱中战功显赫，成为复兴唐室的元勋。因此唐代宗十分敬重他，并且将女儿升平公主嫁给郭子仪的儿子郭暧为妻。这小两口都自恃有老子作后台，互相不服软，因此免不了口角。

有一天，小两口因为一点小事拌起嘴来，郭暧看见妻子摆出一副臭架子，根本不把他这个丈夫放在眼里，愤懑不平地说："你有什么了不起的，就仗着你父亲是皇上！实话告诉你吧，你父亲的江山是我父亲打败了安禄山才保全的，我父亲因为瞧不起皇帝的宝座，所以才没当这个皇帝。"在封建社会，皇帝唯我独尊，任何人说想当皇帝，就会遭满门抄斩的大祸。升平公主听到郭暧敢出此狂言，感到一下子找到了出气的机会和把柄，立刻奔回宫中，向唐代宗汇报了丈夫刚才这番图谋造反的话。她满以为，皇父会因此重惩郭暧，替她出口气。唐代宗听完女儿的汇报，不动声色地说："你是个孩子，有许多事你还不懂得。我告诉你吧：你丈夫说的都是实情。天下是你公公郭子仪保全下来的，如果你公公想当皇帝，早就当上了，天下也早就不是咱家所有了。"并且对女儿劝慰一番，叫女儿不要抓住丈夫的一句话，乱扣"谋反"的大帽子，小两口要和和气气地过日子。在皇父的耐心劝解下，公主消了气，自动回到了郭家。

这件事很快被郭子仪听到了，可把他吓坏了。他觉得，小两口打架不要紧，儿子口出狂言，几近谋反，这着实叫他恼火万分。郭子仪即刻令人把郭暧捆绑起来，并迅速到宫中面见皇上，要求皇上严厉治罪。可是，唐代宗却和颜悦色，一点儿也没有怪罪的意思，还劝慰说："小两口吵嘴，话说得过分点，咱们当老人的不要认真了。不是有句俗话吗：'不痴不聋，不为家翁。'儿女们在闺房里讲的话，怎好当起真来？咱们做老人的听了，就把自己当成聋子和傻子，装作没听见就行了。"听到老亲家这番合情入理的话，郭子仪的心里就像一块石头落了地，顿时感到十分轻松，眼见得一场大祸化作芥蒂小事。

小两口关起门来吵嘴，在气头上，可能什么激烈的言辞都会冒出来。如果句句较真，就将家无宁日。杀人不过头点地，自己又能得到什么好处？唐代宗用"老人应当装聋作哑"来对待小夫妻吵嘴，不因女婿讲了一句近似谋反的话而无限上纲、大动杀机，而是化灾祸为欢乐，使小两口重归于好。他的这笔利弊得失的账算得很明白。

唐代宗对郭子仪说的那番话圆滑老练之至，说明其说话的修养已达相当高深的境界。

该说的说，不该说的不能说

一般而言，诚恳的、善意的、礼貌和赞许的、谦让的话语应该多说；而恶意的、虚伪的、无礼的、贬低的、强硬的语言就不应该说。俗语说得好："人上一百，形形色色。"不明事理者也不乏其人。越是在这种情况下，真正训练有素的人就越能用机智的语言化解矛盾和冲突。

凡事都有诀窍，化解矛盾也有学问。归纳起来，领导者在工作中化解矛盾的学问主要有以下几点：

（1）说明真情，引导自省

当双方为某件小事争论不休、各说一套、互不相让、纠缠不休时，无论对哪一方进行褒贬过分的表态，都犹如火上浇油，甚至会引火烧身，不利于争端的平息。因此，此时只能比较客观地将事情的真相说清楚，而不加任何评论，让双方消除误会，从事实中反省自己的缺点或错误，引导他们各自多作自我批评，使矛盾得到解决，达到团结的目的。

（2）岔开话题，转移注意力

如果属非原则性的争论，双方各执己见，而这场争论又没有必要再继续下去，不妨岔开话题，转移争论双方的注意力。

（3）归纳精华，公正评价

假如争论的问题有较大的异议而双方又都有偏颇，眼看观点越来越接近，但由于自尊心过强，双方又都不肯服输，不妨将双方见解的精华归纳出来，也将双方的糟粕整理出来，作出公正评论，阐述较为全面的双方都能接受的意见。这样，就把争论引导到理论的探讨、观点的统一上来了。

（4）调虎离山，暂熄战火

有的争论，发展下去就成了争吵，甚至导致大动干戈，如果双方火气正旺，大有剑拔弩张、一触即发之势，应冷静下来，当机立断，借口有什么急事（如有人找，或有急电），引当事人走开，暂时脱离争论，等消了火气，头脑冷静下来了，争端也就趋于平息了。

假如你想让两个过去抱有成见的人消除前嫌；假如你的亲人突然遇到过去关系很坏的人而你又在场；假如你作为随从人员参加的某个谈判暂处僵局……作为第三者，你应首先联络双方的感情，努力寻找双方心理上的共同点或共同感兴趣的问题，如一幅名画、一张照片、一盘棋、一个故事、一则笑话、一句谚语、一段相同或相似的经历，乃至一杯酒、一支烟都可能成为双方感兴趣的话题，都可以成为融洽气氛，打破僵局的契机。

避免争论是在争论中获胜的唯一秘诀

我们要改变一个人的看法和主张，并不是一朝一夕就可以成功的。所以我们不但不要心急地去使别人接受我们意见，反而更要争取长期和别人互相交谈的机会，让我们从心平气和的讨论中，逐渐把正确的真理，传播到朋友们的心中、脑中。

被尊为圣贤的老子曾说过这样一句话"不争而善胜"，通俗地讲，就是避免争论是在争论中获胜的唯一秘诀。当然，这并不是主张唯唯诺诺、低三下四，在有的时候、有些场合，一个人应该为自己确信的真理和主张去与反对者争论，辨别是非。这种争论，有时还会发展到很激烈的程度。

但是，在一般交谈的场合，却要极力避免和别人争论，因为交谈的主要目的是促进彼此的了解，增进双方的友谊，是一种社交性的活动，一争论起来就很容易伤感情，和原来的目的背道而驰了。

如果要做到既不必随声附和别人的意见，又避免和别人争论，究竟有没有两全的办法呢？

答案是肯定的。

（1）尽量了解别人的观点。在许多场合，争论的发生多半由于大家只看重自己这方面的理由，而对别人的看法没有好好地去研究、去了解。如果我们能够从对方的立脚点去看事情，尝试着去了解对方的观点，认识到为什么他会这样说，这样想。这样，一方面使我们自己看事情的时候会比较全面；另一方面也可以看到对方的看法也有他的理由。即使你仍然不同意他的看法，但也不至于完全抹杀他的理由，那么自己的态度就可以比较客观一点，自己的主张就可以公允一点，发生争论的可能性就会减少了。

同时，如果你能把握住对方的观点，并用它来说明你的意见，那么，对方就容易接受得多，而你对其观点的批评也会中肯得多。而且，他一旦知道你肯细心地体会他的真意，他对你的印象就会比较好，他也会尝试着去了解你的看法。

（2）对方的言论，你所同意的部分，尽量先加以肯定，并且向对方明确地表示出来。一般人常犯的错误就是过分强调双方观点的差异，而忽视了可以相通之处。所以，我们常常看到双方为了一个枝节上的小差别争论得非常激烈，好像彼此的主张没有丝毫相同之处似的，这实在是一件不智之举，不但浪费许多不必要的精力与时间，而且使双方更难沟通，更难得到一致的或相近的结论。

解决的办法是，先强调双方观点相同或近似的地方，在此基础上，再进一步去求同存异。我们的目的是在交谈中使双方的观点更接近、双方的了解更深入。

即使你所同意的仅是对方言论中的一部分或一小部分，只要你肯坦诚地指出，也会因此营造出比较融洽的交谈气氛，而这种气氛，是能够帮助交谈发展，增进双方了解的。

（3）双方发生意见分歧时，你要尽量保持冷静。通常，争论多半是双方共同引起的，你一言我一语，互相刺激，互相影响，结果就火气越来越大，情感激动，头脑也不清醒了。如果有一方能够始终保持清醒的头脑和平静的情绪，那么，就不至于争吵起来。

但有的时候，你会遇见一些非常喜欢跟别人争论的人，尤其是他们横蛮的态度和无理的言词常常使一个脾气很好的人都会失去忍耐。在这种时候，如果你仍然能够不慌不忙，不急不躁，不气不恼的，将会使你可以能够跟那些最不容易合作的人好好地进行有益的交谈。

（4）永远准备承认自己的错误。坚持错误是容易引起争论的原因之一。只要有一方在发现自己的错误时，立即加以承认，那么，任何争论都容易解决，而大家在一起互相讨论，也将是一桩非常令人愉快的事情。在我们谈话的时候，我们不能对别人要求太高，但却不妨以身作则，发现自己有错误的时候，就立刻爽快地加以承认。这种行为，这种风度，不但给予别人很好的印象，而且还会把谈话与讨论带着向前跨进一大步，使双方在一种愉快的心情之中交换意见与研究问题。

（5）不要直接指出别人的错误。老一辈的人常常规劝我们不要指出别人的错误，说这样做会得罪人，是非常不智的。然而，如果在讨论问题的时候，不去把别人的错误指出来，岂不是使交谈变成一种虚伪做作的行为了么？那么，意见的讨论，思想的交流，岂不是都成为根本没有必要的行为了么？

低头说话轻巧避开其锋芒

气量如海，大度待人，对社会交际的顺利进行，有着十分重要的作用。

避让忍耐是中国传统的生存哲学。低头是一种大智慧，若为争一时之气不肯低头，惹出事来恐怕就不是简单地低一下头、说两句认错的话就能解决的了。

武则天时代有个丞相叫娄师德，他性格稳重，很有度量。他的弟弟当上了代州刺史，临行之时，娄师德对弟弟说："我担任宰相，你现在又管理一个州，受皇上的宠幸太多了。这正是别人妒忌的，你打算怎样对待这些人的妒忌以求自免灾祸呢？"娄师德的弟弟跪在地上，对哥哥说："从今以后，即使有人朝我脸上吐唾沫，我也自己擦去，决不叫你为我担忧。"娄师德忧虑地说："这正是我所担忧的。人家向你吐唾沫，是对你恼怒。如果你将唾沫擦去，那不是违反了吐唾沫人的意愿吗？别人会以为你在顶撞他，这只能使他更恼火。怎么办呢？要是人家唾你，你要笑眯眯地接受。唾在脸上的唾沫，不要擦掉，让它自己干。"

后人对娄师德教人"唾面自干"的这种忍耐，总是嗤之以鼻，认为十分迂腐可笑。事实上，娄师德式的忍，是在训练一个人的韧性，教人知道如何收敛自己，而非以忍耐为目的。娄师德在武则天时代出将入相，总管边疆事务30年，他在兼河源（今新疆于田）军司马时，和吐蕃大战，八战八克，像这样勇毅不挠的精神和气魄，岂是一个畏缩者能够有的气质？

富弼是北宋仁宗时宰相，字彦同。因为大度，上至仁宗，下至文武官员都称他品行优良。

富弼年轻的时候，因聪明伶俐，巧舌如簧，常常在无意之间得罪一些人，事后，他自己也深为不安。经过长时期的自省，他的性格逐渐变得宽厚谦和。所以当有人告诉他某某在说你的坏话时，他总是笑着回答："你听错了吧，他怎么会随便说我呢？"

一次，一个穷秀才想当众羞辱富弼，便在街心拦住他道："听说你博学多识，我想请教你一个问题。"

富弼知道来者不善，但也不能不理会，只好答应了。

众人见富才子被人拦在街上，都涌过来看热闹。

秀才问富弼："请问，欲正其心必先诚其意，所谓诚意即毋自欺也，是即为是，非即为非。如果有人骂你，你会怎样？"

富弼想了想，答道："我会装作没有听见。"

秀才哈哈笑道："竟然有人说你熟读四书，通晓五经，原来纯属虚妄，富彦同不过如此啊！"说完，大笑而去。

富弼的仆人埋怨主人道："您真是难以理解，这么简单的问题我都可以对上，怎么您却装作不知呢？"

富弼说道："此人乃轻狂之士，若与他以理辩论，必会言辞激烈，气氛紧张，无论谁把谁驳得哑口无言，都是口服心不服。书生心胸狭窄，必会记仇，这是徒劳无益的事，又何必争呢？"

仆人却始终不理解自己的主人为何如此胆小怕事。

几天后，那秀才在街上又遇见了富弼。富弼主动上前打招呼。秀才不理，扭头而去，走了不远，又回头看着富弼大声讥讽道："富彦同乃一乌龟耳！"

有人告诉富弼那个秀才在骂他。

"是骂别人吧!"

"他指名道姓骂你,怎么会是骂别人呢?"

"天下难道就没有同名同姓之人吗?"

他边说边走,丝毫不理会秀才的辱骂。秀才见无趣,低头走开了。

人与人之间经常发生矛盾,在矛盾面前,若能够有较大的气量,以宽容态度去对待别人,即使对无理取闹者也能以低头说话轻巧避开其锋芒,就会在时间的推移过程中,逐渐改变对方的态度,使矛盾得到缓和。

第七章

论辩要恰到好处
——反驳的话要有理有据

掌握语言反击的度是反击有效性的决定性因素。所谓度，就是界限性。根据不受气的第一大准则，利用语言反击时，应按照自己对环境的敏锐判断，明确自己的优势和劣势，准确把握该说什么、怎样说、说到什么程度。与人辩论，最能检验出一个人的综合能力。因此，要在辩论中胜出，必须拥有良好的综合能力，必须掌握各种辩论技巧：或先发制人，或迂回进攻，或出其不意，或抓住要害等等。

有理有据有逻辑

在辩论中，只有凭借严密的逻辑，充分的论据，清醒的头脑，灵活运用于与人辩论中，才能在辩论中争取主动，把握先机，驳倒对方。也就是说，只有发挥好自己的说话水平，才能在辩论中轻松取胜。

辩论是由立论（辩护）和反驳两个基本环节构成的，其中立论就是为了证明己方的基本立场，它是反驳的基础和必要的阶梯。辩论中如果没有必要的立论，反驳就会显得强词夺理，苍白无力。而且，辩论中如果自己的立论不稳，自然会被对方攻击得只有招架之功，更谈不上对对方的攻击了，可见立论的好坏直接关系到辩论的成败。下面简单介绍几种立论战术：

（1）逻辑严密，框架严整

立论中，运用严谨的逻辑思维，构建缜密的理论框架，从而使自己的立论坚实，无任何漏洞可寻，这是使辩论获胜的关键。如一次辩论大赛上，辩论题目是《我国现阶段应该鼓励私人购买轿车》。这一题目的关键是"轿车"、"鼓励"和"我国现阶段"这三个词。如何找准这三者之间的逻辑关系，从而形成一条强有力的立论思路，这是能否构建严密的攻防体系的关键。正方根据其内在的逻辑联系推导出了这样的思路：

现阶段发展轿车工业是我国工业发展的主导方向之一。由于轿车工业"三高一快"的特点，轿车工业被证明是经济起飞最有力的助推器，轿车的质量和产量也是衡量一个国家发展水平高低的标志。我国也不例外，要想促进工业发展，必须发展轿车工业。轿车工业要发展，关键在市场。如何扩大轿车市场，最便捷的办法是使轿车"飞入寻常百姓家"。所以，轿车工业同鼓励私人购买就存在着必然的联系。

在此基础上，正方再依据其必然的逻辑联系充分论证了"鼓励购买"的现实可能性和必要性，并充分考虑了对方立论中可能会提出的问题（即我国公路交通的拥挤状况，轿车的私人消费是否会是一种奢华的超前消费倾向），并对此一一作了周密合理的论述准备。由于正方在立论中充分运用严密的逻辑思维来确立自己的论证体系，确保了该体系的严整周密，所以他们的立论在实践中既立得起，又防得住，收到了较好的效果。

（2）出其不意，"破"中求"立"

辩论，说到底是一种知识、智谋的较量。辩论的一方在立论时如能充分运用自己的知识和智谋，在透彻地分析辩题的基础上，突破对方立论的防线，巧妙地提出一个全新的概念，给对手一个"措手不及"，便能削弱对方的攻击力。

如一次辩论赛上，正方的立场是：大学毕业生择业的首要标准是发挥个人专长。反方立论的思路有很多，比如可以说"首要的标准是社会需要"，也可说"是收入丰厚、是兴趣"等等，但所有这些都是因为太平常而可能落入正方事先准备好的猛烈进攻中。你说"社会需要"，他讲择业是主观行为，"发挥个人专长"正是更好地满足"社会需要"；你说"收入丰厚"，他说：对方辩友在养育自己的祖国最需要的时候，以一己私利为先，向人民讨价还价，多么让人痛心和失望！

如此，反方将难以招架。最后，经过缜密的思考，反方提出了一个极其大胆的观念：大学生择业复杂多样，没有也不应该有一个统一的首要标准！并指出，没有证明大学生择业应当有一个统一的首要标准，就强调这个首要标准是"发挥个人专长"，这无异于在流沙上盖楼。此语一出，举座皆惊。由于反方的观点从根本上动摇了正方精心设计的立论，正方毫无准备，顿时乱了阵脚，以致在规范性发言中几乎未对此进

第七章
——论辩要恰到好处
反驳的话要有理有据

行反驳。反方在以前所未有的创新勇气击破对方防线的同时，又进一步明确了自己的立论：大学生应以个人的自我完善和推动社会进步为择业方向。如此一来，反方便很快占据了场上的主动，收到了十分明显的场上效果。

（3）少下定义，多做描述

在立论（辩护）中，时常会遇到一个无法回避的事实，即给概念下定义。可以说，下定义是明确基本观点，澄清基本立场的主要方法。但要特别注意的是，如果在辩论中热衷于给每一个概念都下明确的定义，很可能因此给对方提供许多意想不到的"炮弹"。而且，把辩题和概念交代得太清楚了，辩论中也就没有了回旋的余地。

比如"温饱"这个概念，如果把它定义为一种状态："在这种状态下，社会的大部分人都无衣食之困。"那么对方马上就可以追问："你的社会概念的内涵是什么？它指一个团体，一个民族，还是一个国家？"也可以问："你的'大部分人'的含义是什么？是人口的60%、70%还是80%？"对这些问题，如果你继续回答，就又可能会暴露出许多新问题，从而完全陷入被动应对的局面。

因此，在解释概念时，既要说出什么，又必须隐藏什么，即采用描述的方法来搪塞。所谓"描述"，也就是不揭示概念的本质涵义，只是从现象上对概念进行描述，甚至是同义反复的描述。如对"什么是温饱"的问题，可这样回答："温饱，就是饱食暖衣。"这个回答实际上是同义反复，没有提供任何新的东西，但它给人的感觉是，他们已清楚地阐释了这个概念，而对方又抓不住任何把柄实施攻击。这样，在后面的辩论过程中，当对"温饱"这一概念做出新的补充和说明时，他们就显得比较灵活自如。

总之，在辩论中要注意恰当使用描述和定义的方法，两者不可偏废，但要尽量多用描述，从而达到既讲清某些问题，又隐蔽另一些问题的境界，使对方不能迅速地判断并抓住己方观点中根本性的东西来攻击。

辩论中的立论是一个灵活多变的过程，在这一过程中可以运用的战术也是灵活多样的，上面列举的只不过是实践中几种最重要的也最常用的战术，很多好的战术还需要在实践中不断地积累、总结，这样才能在辩论赛中取胜。

掌握辩论中的主动权

辩论是很多人都无法避免的。俗话说，"先下手为强"，有时局势的主动与否全在于论辩开始时能否掌握主动，能不能做到先发制人。

如果辩论刚开始在心理上能比对方站在更优越的位置，自然可以影响到后来彼此的谈话。因此，能够比对方先行一步，就达到了先发制人的地步。

辩论不是简单的舌战，更不是街头泼妇打架，而是进攻与防守综合艺术的运用。顾头不顾尾的蛮攻和忍气吞声的呆守都会造成灭顶之灾。孙子曰："备前则后寡，备后则前寡，备左则右寡，备右则左寡，无所不备，则无所不寡。"在辩论时，为了辨明是非，最经常也是最奏效的战略就是主动出击，因为只有在进攻、进攻、再进攻中才能始终把握主动权。但不能盲目进攻，要掌握进攻技巧，才能取得好的效果。

（1）正面进攻

与对方短兵相接，面对面地直接驳斥对方的论点，尤其是中心论点，指出对方论点的错误和明显违背事实和常理的地方，使其主张不能成立，是辩论制胜的法宝。这就是所谓正面进攻。这是大规模的正规军决战时常用的手法，最常用，也最难以掌握。

1988 年"亚洲地区大学生论辩赛"预赛的第一场，香港中文大学队对新加坡国立大学队，辩题是"个人功利主义是社会进步的最重要的因素"。辩题即论点，站在反方的香港中文大学队的一名队员发言指出：

"国父孙中山领导辛亥革命，推翻了中国两千多年的封建统治，难道是因为个人功利主义吗？爱迪生发明了电灯，造福于全人类，难道是因为个人功利主义吗？"

这里采用的就是正面进攻，直接反驳辩题。只用两个反问句，举出两个无可辩驳的历史事实。孙中山领导的辛亥革命，中国及全世界都知道；爱迪生的科学发明，给全世界带来了光明，更是世人皆知。

论者用这两个促进社会进步的重大历史事实，直接证明"个人功利主义是社会进步的最重要因素"这一论点的错误。这一方法的效果是全面而且有力的。

（2）侧面进攻

侧面进攻指不与对方正面交锋，或是因对方论点看似十分坚强，难以找到漏洞，而从侧面驳斥对方的论据，或提出对方论据逻辑上的毛病，加以迎头痛击，彻底打垮对方。

（3）包围进攻

包围进攻是指当对方分论点很杂时，可以分割包围对方核心论点周围的分论点及论据逐一进行驳诘，最后推翻对方的核心立论。既然对方分论点不能成立，其核心立论自然不成立。

（4）迂回进攻

迂回进攻是指不与对方近距离接触，而先远距离地进攻，如从挑剔对方的论辩态度不妥或论辩风度有失，开始诘难，进而抓住对方的论辩企图，深入进行驳诘。用这种方法，往往使对手措手不及，难以应答。

在辩论中，掌握主动权，只有以正确的进攻方式攻击对手，在攻击过程中发现对方的破绽抢先下手，进而穷追猛打，方可一举取胜。

避开对手的进攻锋芒

常言道："君子避三端：武士之剑端，文士之笔端，辩士之舌端。"

在辩论的时候，遇到于己不利的论题，如果不及时避开，一味纠缠不休，就会为"笔端"或"舌端"所害。

辩论方法不但要有攻，而且也要有防。有攻有防，攻防结合，才能克敌制胜。只攻不防，看似骁勇，实则并非善战；疏于防守，弄得遍体鳞伤，又怎能养精蓄锐，战胜论敌呢？

律师在为一个实施正当防卫的被告辩护的时候，如果一味与控方律师争辩原告的伤是重是轻，后果是严重还是轻微，只能是被动受责。只要及时撒开这一话题，转入被告为何要实施正当防卫，以及他若不防卫又会招致何种后果这一关键论题，并予以充分的论证和有力的辩护，就能取得辩论的主动权，维护被告的合法利益。

灵活应变的范围很广，在辩论中常常会发生预料不到的问题，由于双方都不肯让步，使辩论陷入僵局。对于这类问题的解决办法，一是把可能引起争议的问题往后放，待其他问题双方统一后，再来讨论。这样做的好处有两个，一是确保辩论的顺利进行，二是先易后难，经过几个回合的洽谈，对剩下的问题，双方都能抱着通情达理的态度，尽快使问题达成协议，以避免在少数问题上耗费精力，过分纠缠。

具体怎样避其锋芒，灵活应变，有以下几种方法：

（1）借力打力

武侠小说中有一招数，叫"借力打力"，是说内力深厚的人，可以借对方攻击之力反击对方。这种方法也可以运用到论辩中来。

第七章　论辩要恰到好处——反驳的话要有理有据

（2）移花接木

剔除对方论据中存在缺陷的部分，换上于己方有利的观点或材料，往往可以收到"四两拨千斤"的奇效。这里把这一技法喻名为"移花接木"。

移花接木的技法在论辩理论中属于强攻，它要求辩手勇于接招，勇于反击，因而它也是一种难度较大、对抗性很高、说服力极强的论辩技巧。场上雄辩滔滔，风云变幻，不是随时都有"孙行者"、"孙悟空"这样现成的材料可供使用的，更多的"移花接木"，需要辩手对对方当时的观点和己方立场进行精当的归纳或演绎。比如，在关于《治贫比治愚更重要》的辩论中，正方有这样一段陈述：

"……对方辩友以迫切性来衡量重要性，那我倒要告诉您，我现在肚子饿得很，十万火急地需要食物来充饥，但我还是要辩下去，因为我意识到辩论比充饥更重要。"话音一落，掌声四起。这时反方从容辩道："对方辩友，我认为'有饭不吃'和'无饭可吃'是两码事……"

反方的答辩激起了更热烈的掌声。正方以"有饭不吃"论证贫困不足惧和治愚的相对重要性，反方立即从己方观点中归纳出"无饭可吃"的旨要，鲜明地比较出了两者本质上的天差地别，有效地扼制了对方偷换概念的倾向。

（3）顺水推舟

表面上认同对方观点，顺应对方的逻辑进行推导，并在推导中根据己方需要，设置某些符合情理的障碍，使对方观点在所增设的条件下不能成立，或得出与对方观点截然相反的结论。

（4）正本清源

所谓正本清源，本文取其比喻义而言，就是指出对方论据与论题的关联不紧或者背道而驰，从根本上矫正对方论据的立足点，把它拉入己方"势力范围"，使其恰好为己方观点服务。较之正向推理的"顺水推舟"法，这种技法恰是反其思路而行之。

（5）釜底抽薪

刁钻的选择性提问，是许多辩手惯用的进攻招式之一。通常，这种提问是有预谋的，它能置人于"二难"境地，无论对方作哪种选择都于己不利。对付这种提问的一个具体技法是，从对方的选择性提问中，抽出一个预设选项进行强有力的反诘，从根本上挫败对方的锐气，这种技法就是釜底抽薪。

辩场上的实际情况十分复杂，要想在论辩中变被动为主动，掌握一些反客为主的技巧还仅仅是一方面，需要仰仗于非常到位的即兴发挥，而这一点却是无章可循的。

（6）自我解嘲

当令人难堪的事情已经发生，运用自嘲，能使你的自尊心通过自我排解的方式受到保护，并且，还能体现出自己的大度胸怀。

置身于难堪境地时，如果过分掩饰自己的失态，反而会弄巧成拙，使自己越发尴尬；而以漫不经心，自我解嘲的口吻说几句取悦于人的话，却可以活跃气氛，消除尴尬。

自嘲运用得好，可以使辩论平添风采，如果用不好，会使对方反感，造成交谈障碍。自嘲要审时度势，相机而用，不宜到处乱用。比如，对话答辩、座谈讨论、调查访问等，就不宜使用自嘲。此外，自嘲要避免采取玩世不恭的态度。积极的自嘲，包含着自嘲者强烈的自尊心、自爱。这种自嘲不过是采取一种貌似消极、实为积极的促使交涉谈话向好的方向转化的手段而已。它从另一个角度来讲，是把不利化为有利，摆脱了自己的心理负担。

在军事上，有一个很好的策略就是"避实就虚"。在辩论中，避实就虚也是取胜的不二法门。

避开论敌锋芒的要则，就是要善手及时避开论敌"笔端"、"舌端"

第七章 论辩要恰到好处
——反驳的话要有理有据

的锐利锋芒，必要时不惜"丢卒保车"，甚至"丢车保帅"，寻觅新的战机，化险为夷，东山再起，变被动为主动。

掌握悖论破解法

在辩论中，某些论敌的辩词往往有意无意会含有悖论的因素，此时，辩论者如能慧眼明察，加以利用，并以此为突破口，巧妙地予以破解，必使论敌难以自圆其说而被击败，这就是论辩中的"悖论破解法"。"悖论破解法"一般说来有3种。

（1）用自我涉及方法使对方作茧自缚

一般的悖论，如果不涉及对方自我，往往不易发现其悖谬，而一旦把对方牵涉进去，则悖论立现。用对方自我涉及的方法来使对方作茧自缚，是破解对方悖论的绝妙方法。如：某评论家评论某作家的作品，武断地说："您怎么能这样写呢？您已是第三次在作品里作这样的描写了。难道您不知道第一个把女人比喻为花的人是天才，第二个是庸才，第三个是蠢材这句名言吗？"作家答道："是的，您说得很对。不过您已经是第七次使用这句话了。"

在这里，评论家引用名言来批评作家屡次在作品中作相同的描写，作家及时抓住评论家多次用此名言去批评别人的把柄，让对方自我涉及，如果对方所讲的道理成立，那么对方也就是名言中所说的"庸才""蠢材"。如此，对方只能无言以对。

（2）用二难推理形式揭穿对方悖论的逻辑错误

凡是悖论，都隐含着自相矛盾的逻辑错误。破解对方的悖论，可以运用逻辑中的二难推理形式揭穿对方悖论的自相矛盾，使对方陷入进退两难、难以自圆其说的境地。有些诡辩学者主张"辩无胜"，对此，一位哲学家反驳道："你们既然和人辩论，又主张'辩无胜'之说，那么，请问，你们的'辩无胜'之说是对的呢，还是不对的呢？如果你们的说法是对的，那就是你们辩胜了；如果你们的说法是不对的，那就是你们辩败了，而别人辩胜了。由此可见，不是你们辩胜，就是别人辩胜，怎么能说'辩无胜'呢？"

在这里，哲学家慧眼识谬，机智地运用了逻辑中的二难推理形式，揭穿了对方"辩无胜"的矛盾，让对方自己打自己的耳光。

（3）用肯定其美言的方式揭露对方言行相悖

现实生活中，有的人说话冠冕堂皇，然而所作所为，离其所讲的相距很远，这也是一种言行相悖的悖论。在辩论中，如果遇到这种情况，可以先极力肯定、赞美对方所说的美言，再以其美言反利其丑行，达到揭露其心口不一、言行相悖的目的，使其不得不收敛自己的丑行。

只要掌握了悖论破解法，当论敌论辩中有悖论之时，适时应用，就可以轻松击败论敌。

悖论，是一种奇特的逻辑矛盾。悖论的奇特之处在于，当人们按常规推理要肯定某件事或某种道理时，却在不知不觉之间又把它们否定了。

借题发挥，迂回进攻

辩论中的借题发挥技巧，主要是如何借，什么样的题是可以借，并借得巧，发挥得好，这就需要每个参加论辩的人从长期的实践中不断地总结与学习。

1959 年美国副总统尼克松访苏，在此之前，美国国会通过一项关于被奴役国家的决议，对前苏联及东欧社会主义国家进行攻击。在尼克松与赫鲁晓夫会晤时，赫对尼说："这个决议臭极了，臭得像刚拉下的马粪，没有比马粪更臭的东西了！"赫出言粗俗，欲使尼克松难堪。谁知尼克松回敬道："我想主席先生大概搞错了，比马粪臭的东西是有的，那就是猪粪。"因为赫鲁晓夫年轻时当过猪倌，所以尼克松借题发挥，歪打正着，使赫鲁晓夫脸上泛起了一阵羞涩的红晕。

下面介绍一些辩论方法：

（1）诱使对方说是

诱使对方说"是"的方法是，辩论开头切勿涉及有争议的观点，而应顺应对方的思路强调彼此有共同的语言的话题，从对方的角度提出问题，诱使对方承认你的立场，让对方连连说"是"，与此同时，一定要避免让他说"不"。

"苏格拉底式问答"在辩论中有其特殊的功效，即能诱使对方多说"是"。通常情况下，那些老练的心存某些戒备的对手是不会轻易说"是"的。日本明治时期的名医、军事家大村益次郎是位板着面孔、很难与之交往的人。一次，邻人跟他寒暄："您好。今天天气很热，是不是？"他却爱理不理地回答："夏天本来就是热的。"假若他顺着对方的问题回答："是的，的确很热。"这样，自我防卫的态势先就瓦解了。

（2）巧析岔题

在辩论中一旦发现对方把话题岔开，你不必打断，你应立即分析其用心。一般说来，岔题的出现，或是由于一时不慎，或是由于突然联想起另一件事，或是由于有意把话题扭转到另一方向。如果是第一种情况，对方说不了多久，就会自己发觉而显露窘态；如果是第二种情况，他一旦省悟就会很快地回到原来的话题上来；如果是第三种情况对方会继续朝着岔开的方向说下去，毫无"回心转意"迹象，你就可据此推断出他是有意扭转辩论的方向，从而立即采取相应对策，避免对方的伎俩得逞。

（3）迫其亮底

对形状不全的图形或半截子话所作的解释，可以显示人的性格和内心的状态。利用这个方法所做的测验叫"投影法"。在辩论中用"投影法"，使对方亮底，即把话说到一半就故意停下来，然后让对方接下去说。如："这么说，你的意思是"，"如此说来，这个论点是"，"照你的话说，它的意思是"等等，当你用这些半截子话去诱发对方时，对方十有八九会像这种方法所显示的那样，不假思索地把这句话按他的意思说完，这时，你就轻而易举地又多了张"底牌"。

在辩论中，当本方受到攻击时，可以不直接从正面答辩，而借助敌方提供的话题进行还击，从而改变论战的局势。这种对策的关键在于一个"借"字，能否借为己用，决定于辩论者的论战经验和思辨能力。这种借题发挥反驳对方的方法在辩论中常被用到。

摆脱对方的故意刁难

在论辩中，对方故意刁难时，要善于抓住一切机会，或接过对方的话头，或借助论辩环境中的各种事物、场景加以联想，找到它们与自己所要表达的观点之间的关联性和相似性，抓住一点尽情发挥，引出对方未曾预料到的新的思路，从而达到征服对方的目的。这就是借题发挥的论辩技巧。

抗美援朝时，一位外国记者采访周总理，周总理刚批阅完文件，顺手把钢笔放在桌上。外国记者看见桌子上放的是一支美国生产的"派克"钢笔，便故意刁难地问："请问总理阁下，你们堂堂的中国人，为什么还要用美国生产的钢笔呢？"

周总理接过话头朗声笑着答道："提起这支笔，那可说来话长，这

不是支普通的笔，是一位朝鲜朋友抗美的战利品，作为礼物送给我的。我无功不能受禄，就想谢绝，哪知朋友说，留下作个纪念吧！我觉得有意义，便收下了这支美国生产的钢笔。"那记者听完后，一句话也说不出来。

周总理针对外国记者企图讽刺、讥笑中国落后的意图，巧借话题，说了这番风趣而又有分量的话。周总理用"战利品"、"作个纪念"和"觉得确有意义"等词句暗示，这支笔正是正义力量强大的结果。

接过对方的话题发挥论辩口才，关键要抓住借来的话题与自己说的下文之间的内在联系，以一个词语或一句话去关联两种原来毫不相关的事物，使语句具有双重意义，并对对手所提的话题进行易位，以借题发挥的方法，使自己摆脱受攻击的处境。

一位名叫丘浚的人游杭州时，特地到灵隐寺拜访一个和尚。

殊不知，那和尚生性势利，见他是一个穷书生，态度十分冷淡。刚好此时有位大将军的儿子来访，和尚立即换了一副笑脸，拱手行礼，待为上宾。对比之下，丘浚十分气愤，等那位公子一走，便质问说："你为何对我这样不客气，对他又那样客气呢？"和尚双手合十，狡辩道："误会，误会，佛经曰：'有就是无，无就是有。'我表面上对他客气，其实是对他不客气；而我表面上对你不客气，内心就是对你客气呀！"

丘浚听了，二话不说，举手朝和尚脸上打去，一边打，一边说："如此说来，我打你就是敬你，不打你就是不敬你。"直打得和尚脸红耳赤，却又不能辩解。最后，他表示不敢再拿佛经上的言论来为自己狡辩了，丘浚这才住手。

丘浚这样做，是将和尚说的论据返还给他，使他认识到自己的错误。借题论辩运用掌握得好的人，可以借对方的话题来封住对方的嘴巴。

明朝绍兴府的小公子有一天抢了一个小孩的毽子，把人家惹哭了，刚好徐文长路过，就把毽子从小公子手里夺过来，归还给那个小孩。谁知小公子由于平时娇宠惯了，哪受过这样的气，他一下子大哭大闹起来，还说徐文长欺负他。于是，家丁就把徐文长押上堂去面见知府。知府厉声喝道："你欺侮我的孩子，就是目无本知府，你可知罪？"徐文长冷笑道："据我看，您大人才是不知罪呢！"知府大喝道："我何来有罪？"徐文长说："你家小公子一早在踢毽子，大人必知道这毽子上有羽毛，下有铜钱，铜钱上印的是嘉靖皇帝年号。小公子如今竟然手提毫毛，脚踢万岁，岂不是欺君罔上？常言道：'子不肖，父之过。'大人又该当何罪？"徐文长这一招果然厉害，他针对知府借题发挥的做法，借来了更大的题——脚踢万岁，来整治知府，使知府无论如何也吃不消如此"大罪"了，不得不赶忙赔笑道："好吧好吧，大家谁也不要为难谁吧！"徐文长这才罢休。临走的时候，知府还客气地亲自把他送出衙门。

论辩双方往往会各不相让，如果不能给对方以有力的打击，自己就会一直处于被动挨打的局面。只有抓住对方话题中的辫子，用锋利的言辞驳斥对方，才能一招制敌。

另辟蹊径，突破辩论中的僵局

要想突破僵局，取得辩论的胜利，不妨另辟蹊径，变逆为顺，采用一种"投其所好"的战术，从反向的角度，向对方发起一场心理攻势，在顺的过程中化解对方的攻势，发现对方的破绽，抓住突破之机，从而出其不意地战胜对方。

（1）捕捉战机

律师乔特斯为有杀妻嫌疑的拉里辩护，这时对方律师麦纳斯提出了对拉里十分不利的证据：拉里曾向麦纳斯提出过，要麦纳斯帮助他与妻子离婚，并由此推论拉里在无法达到离婚目的时，会采取极端措施。乔特斯知道要直接反驳"要求离婚就有杀人动机"是困难的，于是他采取了"投其所好"的策略。

乔特斯向麦纳斯承认，自己对离婚是外行，一边恭敬地问对方是否很忙。麦纳斯踌躇满志地回答："要我处理的案子要多少有多少。"后来又补充说，每年至少有200件。乔特斯赞叹说："呀！一年200件，您真是离婚案的专家，光是写文件就够您忙的了。"麦纳斯的声音犹豫起来，感到说得太多人们难以相信，就只好承认说："可是……其中有些人……嗯……因为这样那样的原因改变了主意。"乔特斯抓住这一点，进一步诱导道："啊！您是说有重新和好的可能，那大概有10%的人不想把离婚付诸行动？"麦纳斯说："百分比还要高一些。""高多少。11%？20%？""接近40%。"乔特斯用惊奇的眼光盯着他说："麦纳斯先生，您是说去找您的人中有近一半最后决定不离婚？""是的。"麦纳斯这时有些感觉到了，但退路已经没有了。"嗯，我想这不会是因为他们对您的能力缺乏信任吧？""当然不是！"麦纳斯急忙自我辩解，"他们常常一时冲动，就跑来找我。可是一旦真的要离婚，便改变了主意……"他突然止住，意识到自己上当了。"谢谢，"乔特斯说，"你真帮了我的大忙。"

在这场法庭辩论中，乔特斯见正面反驳难度较大，就采用了"投其所好"术，从侧面迂回。他先坦率地承认自己对离婚案是外行，恭维对方很忙，当对方得意忘形，鼓吹自己处理离婚案件的数目时，他又进一步恭维对方是离婚案专家。当对方感到吹过了头，说有些人因这样那样的原因改变了主意时，战机出现了。乔特斯抓住这一点诱使对方说出了自己否定自己的话。可见，在论辩中如果正面说理难以奏效，可以采用"投其所好"术，与对方巧妙周旋，对方对抗心理弱化，疏于防范，就有可能暴露出一些破绽，己方乘隙而入，一举制胜。

（2）请君入瓮

一天，一位面容娇美的女青年在马路上走。突然，她发现有一个"摩登"男青年在后面紧追不舍，怎么办呢？她突然有了主意，她回过头来对男青年说："你为什么老跟着我？"男青年说："您太美了，真让人着迷，我真心爱您，让我们交个朋友吧！"姑娘嫣然一笑，说："谢谢您的夸奖，在我后面走的姑娘是我妹妹，她比我更美。""真的吗？"男青年非常高兴，马上回过头去，但却不见姑娘的身影。他知道上当了，又去追赶那位漂亮姑娘，质问她为什么骗人。女青年说："不，是你骗了我，如果你真心爱我，那么为什么去追另一个女人，经不起考验，还想跟我交朋友，请你走开！"男青年被说得面红耳赤，讪讪地溜走了。

这位女青年之所以能制服男青年，就是顺着对方贪图美色的心理投其所好，设计诱之。对方不知是计，去追更美的姑娘，这就使其丑恶的嘴脸暴露无遗。女青年顺势反击，让对方自暴其丑，无地自容，从而达到了目的。从这个事例可见，辩论中的"投其所好"术，其实也是一种"诱敌"战术，抓住对方的需求和动机，设下圈套，诱敌深入，对方进入伏击圈后，己方就可猛烈出击，战胜对方。

（3）巧布疑阵

一位顾客到某酒店喝酒，店主以半杯酒当满杯卖给他。他喝完第一杯后，转身问店主："你们这儿一星期能卖多少桶酒？""35桶。"店主洋洋得意地回答。"那么，"顾客说，"我倒想出了一个能使你每星期卖掉70桶的办法。"店主很惊讶，忙问："什么办法？""这很简单，你只要将每个杯子里的酒装满就行了。"

聪明的顾客利用店主唯利是图的心理，投其所好，巧设圈套，待其落入，再奋力一击，揭露了店主以半杯酒充一杯酒的恶劣行径。此种说法比起一般的斥责要有力得多，也深刻得多。可见"投其所好"术又是辩论中的疑兵之计，可以迎合对方的某种爱好和某种心理，巧布疑阵，麻痹对方，使之放松警惕，误入陷阱，从而达到战胜对方的目的。

论辩是参辩双方的一种逆向抗衡，这种抗衡往往针锋相对，陷入僵局相持不下。在论战中，只要善于另辟蹊径，就能很快突破僵局，重入佳境。

抓住对方的要害与弱点，穷追猛打

辩论，在很大程度上靠即兴临场发挥，而人的语言不可能总是组织得很严密，总有一些漏洞。只要能够抓住对方的弱点，全力击之，就能迫其就范。

对方立论不甚周全、解释不尽合理、表达欠妥等，都可带来可乘之机。具体说来，有如下几种抓住论敌弱点的情况。

（1）集中力量攻击对方某一薄弱环节。在辩论中，对方必有软肋。在进攻时，集中火力攻击之，打开突破口，一鼓作气，最终必定取得胜利。

（2）利用对方隐藏的弱点。这类弱点需要处处留心，随时抓住。

（3）利用对方表达上的漏洞。辩论中抓住对方表达上的漏洞，及时指出，也会收到立竿见影之效。

（4）利用对方逻辑上的弱点。按照对方逻辑导出两个相互矛盾的结论，这样，对方论点不攻自破。

（5）利用对方立论上的弱点。一般来说，这样的弱点不很明显，若一旦抓住，进行攻击，那么它的攻击就是致命的。如在"人性本善"辩论中，找出对方立论的疵点，"善花是如何结出恶果"，并进行连续攻击，效果就非常明显。

打击对方的不备之处，摧毁力是很大的。俗话说："智者千虑，必有一失。"即使对方考虑再周全，也有疏漏之处，关键在于是否有敏锐的洞察力去发现并抓住这种疏漏进行反击。

1966年，电影演员出身的里根同前任州长布朗竞选加利福尼亚州长。当时，布朗的助手苦心编了个电视节目。节目中布朗对一群小学生说："我正在同一名演员竞选，而你们知道是谁暗杀了林肯？"这里说的是杀害前总统的演员布思，而其真意却是诽谤里根的出身。然而，结果却适得其反，被里根强大的竞选班子抓住了漏洞，进行了有力的反击，里根因此而获得了无数张同情票，最后以绝对优势当上了州长。布朗的失策就在于"抓了芝麻，丢了西瓜"，再说里根是演员出身跟凶犯布思有什么关系呢？

在论辩的进攻中，因准备不足而出现漏洞，就等于把把柄送给了对方，对方当然会毫不留情地进行反击，所以，抓住要害常常是辩论取胜的关键。

20世纪50年代中期，香港茂隆皮箱厂负责人冯灿善于经营，生意相当兴隆，因而引起英国商人威尔斯的嫉妒。威尔斯蓄意敲诈，向茂隆订购了5000只皮箱，价值港币20万元。茂隆按照合同规定如期交货，威尔斯却鸡蛋里挑骨头，硬说皮箱中有木料，不能算是皮箱，要求赔偿损失，威尔斯同时向法院提出诉讼。开庭时，港英法院偏袒威尔斯，企图判冯灿诈骗罪。冯灿委托当时还不大出名的律师罗文锦出庭辩护。罗文锦分析了案情，抓住了最关键的问题。在法庭上，正当威尔斯信口雌黄，强词夺理的时候，罗文锦站起来，从口袋里取出一只大号金怀表，高声问法官："法官先生，请问这是什么表？"

法官答："这是英国伦敦出品的金表。可是，这与本案有什么关系呢？"

"有关系。"罗文锦高举金表，面对法庭上所有的人问道："这是金表，没有人怀疑了吧？但是请问，这块金表除表壳是镀金之外，内部的机件都是金制的么？"

旁听者大声议论："不是。""当然不是。"……

"那么，人们为什么叫它金表呢？"罗文锦稍作停顿，高声说："由此可见，茂隆的皮箱案，不过是原告无理取闹、存心敲诈而已。"

在众目睽睽之下，法官只得判威尔斯诬告罪，罚款5000元，了结此案。从此，罗文锦声名大振。

显然，罗文锦由于抓住了问题的要害，明确了主攻的目标，才设想了以金表来类比推理的方式。而且，他在进攻中还注意了表达的层次和气势，显得简洁有力，从而获得胜诉。

在战争中，伤敌十指不如断其一指；在辩论中，全面反驳，不如抓住要害，攻其一点。只要抓住要害，穷追猛打，论敌就会败下阵去。

第八章

关爱尊重恰到好处
——关心人的话要让人感动

关心人的话要以十二分的真诚去说，以关怀贴心的态度去说，就会让人感动不已。以诚待人，像是为自己植一棵树，给世界一片绿荫，给人心一片清凉。桃李不言，下自成蹊。鸟儿鸣唱枝头，笑语飘荡在你的每一个日子。

说让人感到关心的话会让你处处受欢迎

平常我们会说很多话，这更容易使我们产生错觉：说话嘛，有什么重要的，小事一桩。事实上，这是因为你没有尝试多说一些关心他人的话，一旦这种关心被他人真切地感受到了，情况会大不一样。

就是由于对别人的事情同样强烈地感兴趣，使得查尔斯·伊斯特博士变成有史以来最成功的一位大学校长。他当哈佛大学的校长，从南北战争结束一直到第一次世界大战的前五年。下面是伊斯特博士做事方式的一个例子。

一个似乎一点都不重要的人，却帮了新泽西强森公司的业务代表爱德华·西凯的忙，使得他重新获得了一位代理商。"许多年前，"他回忆说，"在马塞诸塞地区，我为强森公司拜访了一位客户。这个经销商在音姆开有一家杂货店，每次到店里去，我总是先和卖冷饮的店员谈几分钟的话，然后再跟店主谈订单的事。有一天，我正要跟一位店主谈，但他要我别烦他，他不想再买强森的产品了，因为他觉得强森公司都把活动集中在食品和折扣商品上，而对他们这种小杂货店造成了伤害。我夹着尾巴跑了，然后到城里逛了几小时。后来，我决定再回去，至少要跟他解释一下我们的立场。"

"在我回去时，我跟平常一样跟卖冷饮的店员都打了招呼。当我走向店主时，他向我笑了笑并欢迎我回来。之后，他又给了我比平常多两倍的订单，我很惊讶地望着他，问他我刚走的几小时中发生了什么事。他指着在冷饮机旁边的那个年轻人说，我走了之后，这个年轻人说：'很少有推销员像他这样，到店里来还会费事地跟我和其他人打招呼。'他跟店主说，假如有人值得与他做生意的话，那就是我了。他觉得也对，于是就继续做我的主顾。我永远都不会忘记，真心地对别人产生点兴趣，会是推销员最重要的品格——对任何人都是一样，至少以这件事来说是如此。"

一个人要是对别人真诚地感兴趣的话，哪怕你一句极平常的话也可以从即使是极忙碌的人那儿，得到注意、时间和合作。

以真诚把话说好

有些话让人听上去很假，但如果你以十二分的真诚去说，以关怀贴心的态度去说，这些话也能透出浓浓的人情味，让人感动不已。

只要你真正关心他人，就会赢得他人的注意、帮助与合作，即使最忙碌的重要人物也不例外，也就是在这种条件下，你说话的分量才会越来越大。要做到这一点也许并不难，你只需真诚地说几句关心人的话就行了。

你知道谁最得人缘吗？也许你在外面行走的时候就会碰见它。当你走到距离它10米附近时，它就会向你摇头摆尾，如果当你停下来摸摸它的头，它就会高兴地向你表示亲热。而且它的这些表现绝对没有不良企图：既不会向你兜售房地产，也不想同你结婚。大家都应该知道这是谁了吧！一只可爱的狗。

不知你是否想过，狗是不用工作而能谋生的动物。牛得产奶，母鸡得下蛋，但狗却什么也不用做，只是对你表示亲热。它从没读过心理学，在很短的时间内，凭着其天赋和本能，凭借着对人表示诚心诚意的亲热而赢得了许多朋友。可是，如果是一个人，却很难在一两年内，为吸引别人的注意而交到知心朋友。

我们都知道，有些人终其一生地向别人俯首弄姿，目的是为了引起别人的注意，其结果是徒费力气。因为人们根本不会注意到你，人们注

第八章

关爱尊重恰到好处

——关心人的话要让人感动

意的只是自己。有人曾做过这样一个有趣的调查，在电话通话中，哪一个字是最常用的。调查结果是"我"字。所以，在人际交往中，你的话绝不能放过任何一个"我"。

在塔夫特总统任职期间，罗斯福有一天到白宫访问。恰巧那天总统和夫人外出不在，罗斯福对待下人的真诚便真实地流露出来。他热情地叫着每一个老仆人的名字，和他们打招呼，连厨房里洗碗盘的女仆都不例外。当他见到正在厨房里干活的艾丽斯时，他问她是不是还在烘烤玉米面包。艾丽斯说她有时会做一些给仆人吃，但楼上的人并不吃。罗斯福就大声说楼上的人真不懂品位，在他见到总统的时候一定这么告诉他。艾丽斯用盘子盛了一些玉米面包给他，他拿了一片边走边吃，并且一路和工人、园丁打着招呼。曾经在白宫做过 40 多年的老仆人爱科·胡佛含着热泪说这是他两年来唯一感到快乐的日子。

罗斯福有个侍仆叫詹姆士·阿摩斯，他写了一本名叫《仆人眼中的英雄——西奥多·罗斯福》的书，书中讲了这样一件事：他太太因为从没见过鹌鸟，于是向总统先生问起鹌鸟长得什么样子，总统先生非常详尽地描述了一番。没过多久，他们农舍里的电话响了，他太太跑去接，原来是总统先生亲自打过来的，他在电话中告诉詹姆士的太太，如果现在从窗口向外看的话，也许可以看到有只鹌鸟正在树上唱歌。而且他每次到农舍来，都要和他们聊天，即使看不见他们，也可以听到他喊："安妮！詹姆士！"

哪一个雇工不喜欢这样的老板？哪一个人不喜欢这种人？

我们常常忘记人与人之间最宝贵的资源就是朋友。一个人可以聪明绝顶、能力过人，但若不懂得借由真诚和积极热心来培养和谐的交际关系，他的成功就得付出加倍的努力。

就拿说话来说，你的言辞无论多么悦耳动听，但如果在别人那里感觉不到你的真诚，一切都会是徒劳的。

一句话买到人心

在某些特定条件下，从某些特殊的人嘴里说出的一席话让人觉得有千钧之重。大家对《三国演义》中刘备摔孩子收买人心的一段情节耳熟能详。这段故事说的是赵云大战长坂坡，九死一生救出少主刘禅。当他从怀中把仍在熟睡中的刘禅抱给刘备时，刘备接过来，"掷之于地曰：'为汝这孺子，几损我一员大将。'"这句话可说掷地有声，有十个赵云，其耿耿忠心也早被包圆儿了。果然，赵云"泣拜曰：'云虽肝脑涂地，不能报也。'"

豁不出孩子套不住狼，关键是豁出孩子。这话说起来容易做起来难，因为他要付出很大的牺牲。

作为领导者，身边没有一两个忠诚之士是不行的。所以，领导者都习惯说一些收买人心的话来获得他人的忠诚。

秦穆公就很注意施恩布惠，收买民心。一次，他的一匹千里马驹跑掉了，结果被不知情的穷百姓逮住后杀掉美餐了一顿。官吏得知后，大惊失色，把吃了马肉的 300 人都抓起来，准备处以极刑，秦穆公听到禀报后却说："君子不能为了牲畜而害人，算了，不要惩罚他们了，放他们走吧。而且，我听说过这么回事，吃过好马的肉却不喝点酒，是暴殄天物而不加补偿，对身体大有坏处。这样吧，再赐他们些酒，让他们走。"过了些年，晋国大举入侵，秦穆公率军抵抗。这时有 300 勇士主动请缨，原来正是那群被秦穆公放掉的百姓。这 300 人为了报恩，奋勇杀敌，不但救了秦穆公，而且还帮助秦穆公捉住了晋惠公，使秦军大获全胜。

看来，领导要学会凝聚人心，只有收笼住了下属的心，才能更好地让下属心甘情愿地为自己效力。

当然，有些话好像分量并不显得多么重，但因为是从特殊人物的嘴里说出来，尽管轻描淡写，却也能收到奇效。

一次，宋太宗在北陪园饮酒，臣子孔守正和王荣侍奉酒宴。二臣喝得酩酊大醉，互相争吵不休，失去了臣下的礼节。内侍奏请太宗将二人抓起来送吏部去治罪，但是太宗却派人送他们回家去了。

第二天，他俩酒醒了，想起昨晚酒后在皇上面前失礼，十分后怕，一齐跪在金銮殿上向皇帝请罪。宋太宗微微一笑，说："昨晚，朕也喝醉了，记不得有这些事。"

宋太宗托词说自己也醉了，不但没有丢失皇帝的体面，而且使这两个臣子今后也会自知警戒。宋太宗装糊涂，即表现出了身为皇帝的大度，又收买了人心。

平常人说话办事也应该这样，因为只有这样才能充分赢得人心。

这是一个"洋老板"关心体贴中国雇员的故事：广州一个叫李度的人，应聘进了一家合资饭店。李度的妻子分娩那天，他向洋老板请假半天，老板得知其请假的缘由后，再三表示，不必担心目前工作多人手少的问题，可以多放几天假，回家陪陪太太和孩子。一次，李度的妻子和孩子均生病住院，过度的劳累致使李度在一次工作时间内睡着了，洋老板为此十分生气，叫其卷铺盖回家。而当他得知李度睡觉的原因后，则自责不已："我脾气不好，请你原谅我。"并"命令"李度立刻放下所有的工作回家料理家务，照顾妻儿。三天后，李度来饭店工作时，洋老板送给他一辆漂亮的儿童车，唯恐他不接受，还撒谎说："这车是朋友送给我的，现转送给你，节假日里，希望你偕妻子一道，用这辆车带孩子出去玩玩儿，并请接受我这个英国老头子对你全家的良好祝愿。"李度闻之早已泪水盈眶。自此，他与洋老板的关系越处越好，工作中则更是"死心塌地"地干。

大人物也好，小人物也好，这种让人从心里感动的话都应该多说，这样会给自己的人际关系创造一个良好的氛围。

学会用"心"去说话

有的人说话过于随意，不管别人的感受如何，只顾自己说得痛快，这是不会说话的一种典型的表现形式。要想让自己成为一个受欢迎的人，必须学会用"心"去说话，而不是单纯地用嘴说话，这样才能博得对方的好感。以下是如何博得对方好感的说话技巧。

（1）多提一些善意的建议。当他人关心自己时，只要这份关心不会伤到自己，一般人往往不会拒绝。尤其是能满足自尊心的关怀，往往立即转化为对关怀者的好感。

满足他人自尊心最佳的方法就是善意的建议。对方是女性时，仅仅说："你的发型很美"，只不过是句单纯的赞美话；若是说："稍微剪短点，看起来会更可爱"，对方定能感受到你对她的关心。若是能不断地表示出此种关心，对方对你必然更加亲切信任。

（2）偶尔暴露自己一两个小缺点。每当百货公司举办"瑕疵品贱卖会"，必然会造成盛况空前的态势，甚至连大拍卖也比不上它的吸引力。为什么"瑕疵品"能如此地激起人们的购买欲呢？之所以这么做，是因为坦率地暴露缺点，反而使一般民众对该公司留有诚实的作风的印象，而此种诚实往往转变成民众对其商品的信赖，公司自然也会大受其益。

暴露的缺点只要一两个就可以了，可使他人难以将这一两个缺点和其他部分联想在一起，从而产生其他部分毫无缺点的感觉。"这个人有点小缺点，但是其他方面挑不出毛病来，是个相当不错的人！"类似上述的想法就能深深植入他人的心中。

（3）要记住对方所说的话。某位心理学家应邀至某地演讲时，不料主办者之一却问他："请问先生的专长是什么？"他颇为不高兴地回答："你请我来演讲，还问我的专长是什么？"

招待他人或是主动邀约他人见面，事先应该先收集些对方的资料，此乃一种礼貌。换句话说，表现出自己相当关心对方，必然能赢得对方的好感。

记住对方说过的话，事后再提出来做话题，也是表示关心的做法之一。尤其是兴趣、嗜好、梦想等，对对方来说，是最重要、最有趣的事情，一旦提出来作为话题，对方一定会觉得很愉快。在面试时，不妨引用主考官说过的话，定能使主考官对你另眼相看。

（4）及时发觉对方微小的变化。一般做丈夫的都不擅长对妻子表现自己的关心。比方说，妻子上美容院改变发型后，明明觉得"看起来年轻多了"却不说出口，因而使妻子心生不满，觉得丈夫不关心自己。

不论是谁，都渴求拥有他人的关心。而对于关心自己的人，一般都具有好感。因而，若想获得对方的好感，首先必须积极地表示出自己的关心。只要一发现对方的服装或使用物品有些微小的改变，不要吝惜你的言词，立即告诉对方。例如：同事打了条新领带时，"新领带吧！在哪儿买的？"像这样表示自己的关心，绝没有人会因此觉得不高兴。

另外，指出对方与往日不同的变化时，越是细微、不轻易发现的变化，使对方高兴的效果越大。在对方感受到你的细心也感受到你的关怀时，转瞬间，你们之间的关系就会远比以前更亲密可信了。

（5）呼叫对方名字。欧美人在说话时，常说："来杯咖啡好吗？史密斯先生。""关于这一点，你的想法如何？史密斯先生。"他们频频将对方的名字挂在嘴边。令人不可思议的是，此种方式往往能使对方涌起一股亲密感，宛如彼此早已相交多年。其中一个原因就是，他感受到对方已经认可自己了。

在我们的社会里，晚辈直接呼叫长辈的名字，是种不礼貌的行为。但是，借着频频呼叫对方的名字来增进彼此间的亲密感，并不是百无一利的方法。

（6）提供对方关心的信息。有个人有个奇怪的习惯，总是在他人名片的背面写上密密麻麻的备忘录。与其说他是为了整理人际资料或是不忘记对方，倒不如说是为了下一次见面做准备。也就是说，将对方感兴趣的事物记录下来，再度见面时，就可以说些对方关心的事情。

若能记住对方的兴趣，比方说是钓鱼，在随后的见面时，不断地提供这方面的知识或是趣事，借此显示自己对对方的兴趣很关心，必然使对方产生很大的好感。

说话要争取获得别人的好感，这一点非常重要，当然这并不是要一味地去阿谀奉承别人，而是根据对方的情况，有的放矢地去说，以达到说话交际的积极目的。

不经意间说出来的话最受用

一句话能让听者笑逐颜开不是一件容易的事，这需要把握两个要点，一是说之前要观察准确，确保做到投其所好；二是经过精心准备的话要以"不经意"的方式"随口"说出来，这不会让对方产生被刻意讨好的不快。

美国著名的柯达公司创始人伊斯曼捐出巨款，在罗彻斯特建造一座音乐堂、一座纪念馆和一座戏院。为承接这批建筑物内的坐椅，许多制造商展开了激烈的竞争。

但是，找伊斯曼谈生意的商人无不乘兴而来，败兴而去，一无

第八章

——关爱尊重恰到好处

关心人的话要让人感动

所获。

正是在这样的情况下，"优美座位公司"的经理亚当森，前来会见伊斯曼，希望能够得到这笔价值9万美元的生意。

伊斯曼的秘书在引见亚当森前，就对亚当森说："我知道您急于想得到这批订货，但我现在可以告诉您，如果您占用了伊斯曼先生5分钟以上的时间，您就完了。他是一个很严厉的大忙人，所以您进去后要快快地讲。"

亚当森微笑着点头称是。

亚当森被引进伊斯曼的办公室后，看见伊斯曼正埋头于桌上的一堆文件中，于是他静静地站在那里仔细地打量起这间办公室来。

过了一会儿，伊斯曼抬起头来，发现了亚当森，便问道："先生有何见教？"

秘书把亚当森作了简单的介绍后，便退了出去。这时，亚当森没有马上谈生意，而是说："伊斯曼先生，在我等您的时候，我仔细地观察了您这间办公室。我本人长期从事室内的木工装修，但从来没见过装修得这么精致的办公室。"

伊斯曼回答说："哎呀！您提醒了我差不多忘记了的事情。这间办公室是我亲自设计的，当初刚建好的时候，我喜欢极了。但是后来一忙，一连几个星期我都没有机会仔细欣赏一下这个房间。"

亚当森走到墙边用手在木板上一擦说："我想这是英国橡木，是不是？意大利的橡木质地不是这样的。"

"是的。"伊斯曼高兴得站起身来回答说，"那是从英国进口的橡木，是我的一位专门研究室内橡木的朋友专程去英国为我订的货。"

伊斯曼心情极好，便带着亚当森仔细地参观起办公室来。

他把办公室内所有的装饰一件件向亚当森作了介绍，从木质谈到比例，又从比例谈到颜色，从工艺谈到价格，然后又详细介绍了他设计的经过。

此时，亚当森微笑着聆听，饶有兴致。

亚当森看到伊斯曼谈兴正浓，便好奇地询问起他的经历。伊斯曼便向他讲述了自己苦难的青少年时代的生活，母子俩如何在贫困中挣扎的情景，自己发明柯达相机的经过以及自己打算为社会所做的巨额捐赠……

亚当森中肯地赞扬了他的功德心。

本来秘书上午警告过亚当森，谈话不要超过 5 分钟。结果，亚当森和伊斯曼谈了一个小时，又一个小时，一直谈到了中午。

最后伊斯曼对亚当森说："上次我在日本买了几张椅子，打算由我自己把它们重新油好。您有兴趣看看我的油漆表演吗？好了，到我家里和我一起去吃午饭，再看看我的手艺。"

午饭以后，伊斯曼便动手把椅子一一漆好，并深感自豪。

直到亚当森告别的时候，两人都未谈及生意。

最后，亚当森不但得到了大批的订单，而且和伊斯曼结下了终生的友谊。

为什么伊斯曼把这笔大生意给了亚当森，而没给别人？如果他一进办公室就谈生意，十有八九要被赶出来。

亚当森成功的"绝"窍，就在于他了解谈判的对象。他从伊斯曼的办公室入手，以几句话巧妙地赞扬了伊斯曼的成就，使伊斯曼的自尊心得到了极大的满足，把他视为知己，这笔生意当然非亚当森莫属了。

兵法言："心战为上，兵战为下。"意思是攻心才是真正的上策。这说明，在与人说话的时候，要尽量使用方法与策略使自己的语言能够给对方带来心灵上的震撼，这样有利于对方对你的认同，从而达到你说话的目的。

第八章 ——关爱尊重恰到好处 ——关心人的话要让人感动

真诚地关切

要表示你的关切，这跟其他人际关系一样，必须是诚挚的。这不仅会使付出关切的人有些成果，接收这种关切的人也是一样。它是条双向道，当事的双方都会受益。

有一位名叫马丁的纽约人说，一位护士给他的关切影响了他的一生。

10岁那年的感恩节，他住在一家市立医院里，预定第二天就要动一次大手术。他知道，以后的几个月里他都要禁受痛苦的煎熬。他父亲已去世，现在，他和母亲住在一个小公寓里，靠社会福利金持维生活。那天母亲刚好不能来看他。

他感到自己完全被寂寞、失望、恐惧的感觉所压倒，他也知道妈妈正在家里为他担心，而且是孤零零的一个人，没有人陪她吃饭，甚至没钱吃一顿感恩节晚餐。

他把头埋在枕头下面，暗自哭泣，全身因痛苦而颤抖着。

一位年轻的实习护士听到了他的哭声，就走过来看看。她把枕头从他的头上拿开，为他拭去了眼泪。她对马丁说，她也非常寂寞，因为她必须在这天工作而无法跟家人在一起。她又问马丁是否愿意和她共进晚餐。她拿了两盘东西进来：有火鸡片、马铃薯、草莓酱和冰淇淋甜点。她跟马丁聊天并试着消除他的恐惧。虽然她本应4点就下班的，可她一直陪他到近11点才走。

他说10岁以前，过了许多的感恩节，但对这个感恩节永远不会忘记：那沮丧、恐惧、孤寂的感觉，突然一个陌生人的温情使那些感觉消失了。

如果你想赢得人心，首先要让他们相信，你是最真诚的朋友。对别人显示你的兴趣，并对他表示关切，不但可以让你交到许多朋友，而且在许多时候可以创造更多的价值。

　　如果一家银行对每一个人都十分有礼、热心，在排了长时间的队之后，有位职员亲切地跟你打招呼，这肯定会令人感到愉快。

　　如果这个世界缺乏真诚，我们的脸上就仿佛蒙上了一个面具，无法看清每一个人的真面目。

　　在与人交谈时，你的一切言谈举止不可露出虚伪的迹象，对方一旦感觉到你的谈话没有诚意，而是一些假惺惺的空谈，你的努力就将白费。前功尽弃是对你虚伪的惩罚！其实，只要你真诚地、关切地和对方谈论他关心的事物，接下来的谈话便是非常自然、非常顺利的事了。

有意识地在工作中关心他人

　　谁都希望有一个和谐的工作氛围，一天 8 小时，一周 5 个工作日，一个人很大部分时间、精力是在工作环境中度过的，如果同事之间矛盾不断，整天别别扭扭，每天一踏上上班的路就想起与谁谁的不愉快，那么工作就成了一种负担和刑罚。要想避免这种状况的发生，工作过程中掌握说人情话的技巧，善于以关爱话润滑同事之间的关系是个简便易行又有效的选择。

　　一般人在初次上班与同事拉关系时，一般是通过一些日常的人情话引起对方兴趣，但总是选择一些无关紧要的话题。例如最典型的话："今天天气不错啊！""是啊，气温也不高，挺舒服的。"

　　这种公式化的对话根本算不上人情话，更不能给新接触的同事留下深刻的印象，同样地，对方会觉得你没有什么特别之处。这样的交谈无异于浪费时间、浪费精力。

由于我们一半时间都在工作场合度过，因此说话在有时候会流于形式。如何引起同事注意，就在于如何选择话题。聪明的你，何不运用创意制造奇迹呢？

在公司里，同事之间免不了互相帮帮忙，你对这种事情应当采取什么态度呢？平常我们总说"助人为乐"，但是，在办公室里，怎样助人，才能真正成为乐趣，才能被对方所接受呢？

只要是人，都会有善、恶之分，但是在办公室里交朋友却不可以感觉行事，任意为之，最好是一视同仁地与他们打交道。

同事之间要能同甘共苦。"今天如果不加班的话，工作是怎样也赶不完的！"假如有一位同事一边看表，一边叹气地说这些话时，你也许会说："唉！真是够辛苦的啦！要不要我来帮你忙啊！"若能对他这么说的话，那位加班同事的内心该会多么感激啊！今天我帮你忙，明天也许变成你帮我忙了，这种情形在工作上也是经常发生的。

此外，不要在同事背后飞短流长。喜欢说别人是非的人，也许正表示了他本人多少还有点不成熟，这样子的谈话有时只能发泄心中的苦闷，而且大家也都知道说别人坏话是很不好的行为，可还是免不了要说一说别人的是非。然而经常说别人是非给对方听的人，有一天连对方都会成了他批评的对象，因此慢慢地大家都会对他敬而远之。

同事们在一起相处的时间久了，就会不可避免地产生矛盾，进而引发争执。争执并不可怕，可怕的是不知道如何处理争执。处理得好，能使一切矛盾消解，甚至能让双方因此得到进一步的沟通。而若处理不好，便会引发更多的问题。既然处理争执的问题如此重要，那又该如何着手呢？

（1）同事哭泣的时候

表示你的关切及协助的意愿，但不要阻止他哭泣，因为哭泣可能是缓解情绪的好方法。给他一些时间来恢复平静，不要急着化解或施予压力。

最后再问他哭泣的原因，如果他拒绝回答，也不必强求；若他说出不满或委屈，只要倾听、表示同情即可，千万不要贸然下断语或凭自己的喜恶提供解决的方法。

（2）同事愤怒的时候

当同事愤怒的时候，你千万不能以同样的情绪对待，那会使争执进一步激化。对自己的意见除了要坚持外，还可以向对方表示你希望双方能冷静地分析问题并解决问题。

待对方冷静下来之后，你就可以询问他生气的原因所在，询问时一定要照顾到对方的情绪，不要说些与此无关的废话。总之，一切都要建立在谅解和宽容的基础上。

（3）同事冷漠的时候

不要有任何臆测，你可以不经意似的问他"怎么了？"如果他不理会，不妨以友善的态度表示你想协助他。

如果他因感情或疾病等私人问题影响到工作情绪时，建议他找人谈谈或休假。

（4）同事不合作的时候

切勿一味地指责对方或表示不满，最好找个时间两人好好谈谈。因为这个时候更需要的是体贴的关怀话，若对方因工作繁多无法配合，则可再安排时间或找他人帮忙；但若是纯粹地不合作，则更需多花时间沟通，寻求问题的症结及解决办法。谨记：要充分利用关怀话这一润滑剂，说不定还能因充分的沟通而化敌为友呢！

第八章
——关爱尊重恰到好处
关心人的话要让人感动

推功揽过的话最暖人心

有些事情很重要，一旦漂亮地完成，可能会给领导者个人及其团队带来极有利的局面。但事情的发展不会总那么天遂人愿，在主客观各种因素的干扰下，领受、执行任务的人最终给了你一个失败的答案，这时候就要分清情况，如果他确已尽了力，或因偶然因素，或因本来的成算就不高，甚至就因为其个人能力问题导致了失败，领导者最好表现出一定的胸怀，主动淡化执行的责任而承担领导责任，这时候一句话往往能收到平常一百句话收不到的收揽人心的效果。

"一切责任在我。"1980年4月，在营救驻伊朗的美国大使馆人质的作战计划失败后，当时的美国总统吉米·卡特立即在电视机里作了如上的声明。

在此之前，美国人对卡特的评价并不高，有人甚至评价他是"误入白宫的历史上最差劲的总统"，但仅仅由于上面的那一句话，支持卡特的人居然骤增了10%以上。

做下属的最担心的就是做错事，尤其是费了九牛二虎之力后却依然闯了大祸的事，因为随之而来的便是惩罚问题，责任问题。而生活原本就是一连串的过失与错误，再仔细、再聪明的人也有阴沟里翻船的时候。可翻了自己的小船便也罢了，而一旦不小心捅漏了多人共同谋生的大船，也就真有可能弄个"吃不了兜着走"的下场。因此，没有哪个人不害怕担责任的。

试想有一天你不幸闯了大祸，如惊弓之鸟般向上级报告之后，忧心忡忡地挨到第二天，坐到了那个如同"公审大会"的会场上"听候发落"的时候。上级竟如卡特总统般在众目睽睽之下掷地有声地来了句：

"一切责任在我！"那该是何种心境？卡特总统的例子充分说明，下属及群众对一个上级的评价，往往决定于他是否有责任感。

但事实上，要像卡特那样大难即将临头还能声明"一切责任在我"并不容易。大多数上级在处理下属乃至自己本人的失误和错事的时候，总是想提出各种理由为自己开脱，唯恐遭到连累，引火烧身。殊不知，既是他人的"上级"，那么下属犯错，即等于是自己的错，起码是犯了监督不力和委托非人的错误。何况上级的责任之一，就是教导下属如何做事。

所以，懂得如何收揽人心的上级，在下属闯祸之后，首先会冷静地检讨一番自己，然后将他叫来，心平气和地分析整个事件，告诉他错在何处，最后重申他的宗旨——每一个下属做事都该全力以赴，漫不经心、应付差事是要遭受惩罚的。当然，还要让他明白，无论如何，自己永远是他们的后卫。

那种不分青红皂白，无论下属的过错是否与自己有关都大发雷霆，不时强调"我早就告诉你要如何如何"或"我哪里管得了那么多"之类的上级们，不仅使下属更不敢于正视问题，不再感到丝毫内疚，而且避免不了日后同这种上级大闹情绪，甚至永远不可能再拥戴他。

还有，一味埋怨下属，推卸责任的上级，也只会令更高级别的上级反感。所以说，一方面与下属一起承认错误，体现出应有的风度；另一方面，即使有其他诸多是非，也应站在下属一边，替下属挡驾的上级，也是最会收买人心，最有人缘的上级。

将心比心从他人的角度去着想

有些时候，我们很难用简单的对与错来衡量某一事情。看问题的角度不一样，结果也就不一样。当一个人面对严重的难题时，如果他能够从别人的角度来看待事情，原本疑惑不解的问题可能就变得豁然开朗，他的说话方式也会自然地改变。

生活中有时会发生这样的事：他有时即使真的错了，也不一定承认。在这种情况下，责备他是没有用的，甚至会起相反的作用。你应该了解他，这才是最聪明的做法。

对方为何会这样，其中一定自有他的道理。探寻出其中隐藏的原因来，你便了解了他，了解了他的个性，这才是解答他的钥匙。

纽约州汉普斯特市的山姆·道格拉斯，过去经常抱怨太太把过多的时间都用在修理草坪上了：他太太一周至少去草坪拔草、施肥和剪草两次。而道格拉斯却认为草坪和4年前刚搬来时一样，并未变好。当他把这话说给太太听时，自然就破坏了他们的夫妻感情。

后来道格拉斯认识到了自己的愚蠢。他试着从太太的角度考虑：她确实喜欢草坪，是因为她从中找到了乐趣。于是道格拉斯决心改变自己。

一天晚饭后，太太又去修理草坪，道格拉斯也跟了出去，帮助太太一起除草、施肥，他们边干活，边愉快地谈话，他的太太非常高兴。

从此他经常帮助太太修理草坪，并称赞她干得好，草坪比以前好看多了。于是，夫妻间的感情日益加深。

肯尼迪·古迪的《怎样让人们变成黄金》一书中有这样一段发人深省的话："停下来，用数秒的时间比较一下，你是如何关心自己的事情和关心他人的事情的，就会理解，别人也和你一样。而一旦你掌握了这个诀窍，你就会像罗斯福和林肯一样，拥有了做任何事的坚实基础。总之，和别人相处的关系怎样，完全取决于你在多大程度上替别人着想了。"

无独有偶，古拉得·力伊帕也和古迪有相同的观点。他在《进入别人的内心世界》一书中，也有类似的一段话："把别人的感觉和观念与自己的感觉和观念置于相同的位置，并把它表现出来，这样谈话的气氛就会融洽起来。当你在听别人谈话时，要根据对方的意思来准备自己将要说的话，那样，由于你已理解和认同了他的观点，他也就会理解和认同你的观点。"

多年来，罗克常到离家不远的公园中散步和骑马，以此作为消遣。罗克非常喜欢橡树，所以每当看到公园里一些树被烧掉时，他就十分痛心。这些火差不多都是由到园中野炊的孩子们造成的，有时火势很凶，必须叫来消防队才能扑灭。

公园的角落里有一块牌子，警告人们不要在公园玩火，违者罚款。但由于牌子在角落里，很少有人看见它。公园里有警察，负责骑马巡逻，但他对自己的工作不太认真，火灾仍然时常发生。

有一次，罗克又看到公园失火，就急忙跑去告诉警察快叫消防队，可没想到他却说那不是他的事。罗克非常失望，于是以后罗克再到公园里散步的时候，就义务担负起了保护公园的责任。当他看见树下起火时就非常不快，急忙上前警告那些野炊的孩子们，用威严的辞令命令他们把火扑灭。如果他们不听，就会恐吓要把他们交给警察。就这样，罗克只是按照自己的想法去做，只是在发泄自己的情感，全然没有考虑孩子们的感觉。

结果呢，那些青少年怀着一种反感的情绪暂时遵从了，当罗克转身离去的时候，他们又生起了火堆，并恨不得把整个公园烧尽。

随着时间的推移，罗克逐渐懂得了与人相处的道理，知道了怎样使用技巧，更懂得从别人的角度来看待问题。于是他不再发布命令，甚至恐吓，而是说："孩子们，玩得高兴吗？你们在做什么晚餐？我小时候，也很喜欢生火，直到现在我仍然很喜欢，但你们知道在公园里生火是很危险的吗？我知道你们几个会很小心，但别的孩子就不一样了。他们来了也会学着你们生火，回家的时候却又不把火扑灭，这样就会烧掉公园里的所有树木。如果我们再不谨慎的话，我们就不会再看到这里的树木了。因为在这里生火，还有可能被警察抓起来。我不干涉你们的兴致，我很愿意看到你们开开心心的，但我想请你们在离开时，把火用土埋起来，并把火堆旁边的干枯树叶拨开，好吗？你们下次来公园玩时，可不可以到山丘的那一边，就在那沙坑里取火，那样就不会有任何危险了。多谢了，孩子们，祝你们玩得快乐。"

这样的说法，产生的效果就好多了！孩子们听了之后都非常听话，而且很愿意接受和合作。他们没有被强制服从命令，罗克为他们保全了面子，双方的感觉都很好，因为罗克在处理这件事时，完全是从少年们的角度出发考虑的。

哈佛商学院的特哈姆说："在与人谈话前，我情愿用两个小时的时间在他的办公室前的人行道上散步，而不愿在还没有清晰的想法，不知该如何说，并且不了解对方，没有充分准备答案的情况下，直接去他的办公室。"

如果你永远都能按照对方的观点去想，从他人的立场看事，这就足以成为你一生中一个新的里程碑。

认识别人，被别人认识，认识自己，用一颗真诚的心将三者统一。

把自己当成别人，关键的在于认识自己，弄懂了这个意思，也许不需要华丽的语言，你的话语便会充满力量。

尽量体谅他人顾及别人的面子

有位文化界人士，每年都会受邀参加某专业团体的杂志年终评鉴工作，这工作虽然报酬不多，但却是一项难得的荣誉，很多人想参加却找不到门路，也有人只参加一两次，就再也没有机会了。问他为何年年有此殊荣，他在届龄退休，不再参加此项工作后才公开其中的秘诀。

他说，他的专业眼光并不是关键，他的职位也不是重点，他之所以能年年被邀请，是因为他很会给人留面子。他说，他在公开的评审会议上一定把握一个原则：多称赞、鼓励而少批评，但会议结束之后，他会找杂志的编辑人员，私底下告诉他们编辑上存在的缺点。因此虽然杂志有先后名次，但每个人都保住了面子，而也就因为他顾虑到别人的面子，承办该项业务的人员和各杂志的编辑人员，都很尊敬他、喜欢他，当然也就每年找他当评审了。

其实，我们生活中的每一个人，都非常重视自己的面子，为了面子，小则翻脸，大则会闹出人命；如果你是个对面子不在意的人，那么你必定是个不受欢迎的人；如果你是个只顾自己面子，却不顾别人面子的人，那么你肯定有一天要吃暗亏。

那么，在待人处世中，怎样才能顾及别人的面子，处理好人与人之间的"面子问题"呢？

第一，要善于择善弃恶。在待人处世中要多夸别人的长处，尽量回避对方的缺点和错误，"好汉愿提当年勇"是事实，可又有谁人愿意提及自己不光彩的一页呢？特别是如果有人拿这些不光彩问题来做文章，就等于在伤口上撒盐，无论谁都是不能忍受的。

有一位年轻的姑娘长得很胖，吃了不少的减肥药也不见效果，心里很苦恼，也最怕有人说她胖。有一天，她的同事小张对她说："你吃了什么呀，像气儿吹似的，才几天工夫，又胖了一圈儿。"胖姑娘立马恼羞成怒："我胖碍着你什么了？不吃你，不喝你，真是狗拿耗子，多管闲事！"小张不由闹了个大红脸。在这里，小张明知对方的短处，却还要把话题往上引，这自然就犯了对方的忌讳，不找麻烦才怪哩。

第二，指出对方的缺点和不足时，要顾及场合，别伤对方的面子。有一个连队配合拍电影，因故少带了一样装备，致使拍摄无法进行。营

第八章 关爱尊重恰到好处
——关心人的话要让人感动

139

长火了，当着全连战士的面批评连长说："你是怎么搞的，办事这么毛毛躁躁，要是上战场也能装备不齐？"连长本来就挺难过的，可营长偏偏当着自己的部下狠狠批评自己，心里自然觉得大失面子，于是不由分辩道："我没带是有原因的，你也不能不经过调查就乱批评！"营长一下慒了，弄不懂平时服服帖帖的连长怎么会这样顶撞他。事后，在与连长谈心交换意见时，连长说："你当着那么多战士的面批评我，我今后还怎么做工作？"从这个事例中不难发现，假如营长是背后批评，连长不仅不会发火，还会虚心接受批评。营长错就错在说话没有注意时机和场合。

第三，巧给对方留面子。有时候，对方的缺点和错误无法回避，必须直接面对，这时就要采取委婉含蓄的说法，淡化矛盾，以免发生冲突。古时候，吴国有个滑稽才子，名叫孙山。他与乡里某人的儿子一同参加科举考试。考完后，孙山先回到了家，那个同乡的父亲就向孙山打听自己的儿子是否考上了。孙山笑着回答说："解名尽处是孙山，贤郎更在孙山外。"孙山的回答委婉而含蓄，既告诉了结果又没刺到对方的痛处，如果孙山竹筒倒豆子，直告对方落榜，那么对方的反应就可想而知了。可惜的是，在现实待人处世中，我们周围许多人说话往往太直接，结果好心办了坏事。

此外，在与人交往的过程中，为了"面子上过得去"，还必须对对方有充分的了解，做到既了解对方的长处，也了解对方的不足。因为每个人都会有自己的个性和习惯，有自己的需求和忌讳，如果你对交际对象的优缺点一无所知，那么交际起来，就会"盲人骑瞎马"，难免踏进"雷区"，引起别人的不快。

俗话说得好，"打人不打脸，骂人不揭短"，要想与他人友好相处，就要尽量体谅他人，顾及别人的面子。

第九章
求人办事恰到好处
——让他人乐意为你办事

求人办事绝不是一般人想象的那么简单。怎样把话说到位，选择什么样的时机说话等等，只有讲究说话的技巧，办起事来方能有的放矢、水到渠成。求人时应选择适当的话题以缩短与对方之间的距离，使自己逐渐被对方接受，随后才将话题引向自己的意图，这样才是成功之道。相反地，如果打一个招呼就开始讲自己的来意，迫不及待地反复强调自己的想法是如何如何，以及帮助自己有什么好处，这样往往事与愿违，因此有经验的求人者并不是一开始就切入正题的。

"激" 出领导的同情心

利用领导善良的同情心说低头话，如果运用方法恰当，即使上司铁石心肠，也能收到"以情感人"的奇效。

世界上所有的人差不多都具有同情弱小和怜悯困难者的情感，找领导办事能否获得应允，有时恰恰是这种同情心在起作用。所以，不管你平常多么耿直自傲，这时候必须低下头来说软话，摆出一副可怜相才行。

通常情况下，人们是不愿轻易去找上级办事儿的，上级盛气凌人的"架子"在一般下属那里是不会被愉快地接受的。一般而言，下属不到万般无奈和迫不得已的时候，是不会随便提出一件事让上级烦心的。所以，对一个人情世故相对成熟的下属来说，不经过"三思"，只靠脑瓜儿一热乎便去找上级办某件事的人可谓寥寥无几。

你的事情几乎都可以涵盖在"困难"二字之下，如经济困难、思想困难、情感困难、地位困难等等，找上级办事儿，说穿了无非是托他们帮助解决这些"困难"。即言困难就有一些不堪负重的苦衷，要想把事情办成，最好的方法就是把这些苦衷通情达理、不卑不亢地"吐"出来，诱使上级产生同情心，从而帮助你把事情办好。

要引起上级同情，必须了解上级自身的人生经历和社会经历，对上级曾经有过类似的或切身感受过的事情，容易得到同情，从而得到支持和应允。

要引起上级同情，说低头话时必须在人之常情上下功夫，必须把自己所面临的困难说得在情在理、令人惋惜和可悲可怜。所以，越是哪一点给自己带来遗憾和痛苦，则越是大加渲染，这样，上级才愿意以拯救苦难的姿态伸出手来帮助你办事儿，让你终生对他感恩戴德。因为大凡能激发人的公正之心、慈悲之心和仁爱之心的事情，都能引起人们的同情和帮助，都能使人在帮助他人之后产生一种伟大的济世之感。

要引起上级同情，必须了解上级的好恶，了解他平时爱好什么，赞扬什么，又愤慨什么，了解他的情感倾向和对事物善恶清浊的评判标准。上级的同情心有时是诱出来的，有时是忙出来的。如果上级对某个朋友有成见，认为他水平很差，他不得志和受排挤，是不足为怪的。那么，你要帮朋友解决常年在基层受压抑之苦，并想借此引起上级的同情，可能就是一件相当困难的事情了。只有在没有成见的时候，才能产生同情心。

同情心可以促进领导对你的理解，但这并不等于说马上就会下定帮你办事的决心，因为领导者要考虑多方面的情况，有时会处于犹豫之中，甚至会抱着多一事不如少一事的态度，不想过问。这时，就需要你努力激发领导的责任感，要使领导者知道，这是在他职责范围内的事，他有责任处理此事，而且能够办好此事。

求人办事时说"忠"话

任何人都喜欢听别人奉承自己，希望别人将自己看作个人物。正如美国哲学家约翰·杜威所言：人类本质里最深远的驱策力，就是希望具有重要性。因而在求人办事时说"忠"话，奉承对方，就成为达到自己的目的、说服对方的关键。

说"忠"话，即说表示忠心的话，说对对方表示真诚真心，希望为对方奉献一切的话。所谓欲取先予，就是这个道理。

江乙曾劝安陵君为了解除楚王的戒心对楚王表示忠心，安陵君当时只是说："我谨依先生之见。"

但是又过了3年，安陵君依然没对楚王提起这句话。江乙为此又去见安陵君："我对您说的那些话，至今您也不去说，既然您不用我的计谋，我就不敢再见您的面了。"

言罢便要告辞。安陵君急忙挽留，说："我怎敢忘却先生教海，只是一时还没有合适的机会。"

又过了几个月，时机终于来临了。这时候楚王到云楚打猎，1000多辆奔驰的马车接连不断，旌旗蔽日，野火如霞，声威壮观。

这时，一只狂怒的野牛顺着车轮的轨迹奔过来，楚王拉弓射箭，一箭正中牛头，把野牛射死。百官和护卫欢声雷动，齐声称赞。楚王抽出带牦牛尾的旗帜，用旗杆按住牛头，仰天大笑道："痛快啊！今天的游猎，寡人何等快活！待我万岁千秋以后，你们谁能和我共有今天的快乐呢？"

这时安陵君泪流满面地走上前来说："我一进宫便与大王同席共座，出宫后更与大王共乘一车。如果大王万岁千秋之后，我希望随大王奔赴黄泉，变做芦草为大王阻挡蝼蚁，那便是我最大的荣幸。"

楚王闻听此言，深受感动，正式设坛封他为安陵君，安陵君自此便得到楚王的宠信。

安陵君说忠话技高一筹的过人之处，在于他有充分的耐心，等待时机。等待时机绝不等于坐视不动。

《淮南子·道应》云："事者应变而动，变生于时，故知时者无常行。"

于是安陵君利用时机表示忠心，讨得楚王的欢欣和信任。

求人应用不同的语言表达出来

求人时要使对方产生好感，所以，你必须言语和善。尤其是那些心直口快的人更要深思慎言，不说让人生厌和惹人不快的话，以防事与愿违。

求人办事有多种多样的方式，其中很大部分是由口头提出的。人们不难发现，同样的请求内容，不同的人，用不同的方法和语言表达出来，得到的结果常常是不一样的。

那么，怎样才能使被求者乐意答应自己的请求呢?

求人语言要做到诚恳、礼貌，不强加于人（有时还需要委婉）。

所谓诚恳是指要让被请求者感到你是发自内心地求助于他，从而重视你的请求。这是求人成功的先决条件。

所谓礼貌是指应该尽量选用被请求者乐意接受的称呼，像在问路、请求让座时，这一点就显得非常重要。问路时，称对方为"老头"、"小孩子"，那你肯定一无所获，若改用"老人家"、"小朋友"等，效果就会好些。

不强加于人是指不用命令的语气，而多用委婉、征询的口气，例如，尽可能地使用"麻烦……""劳驾……""可以……吗?"这类句式，即使对相识者也不妨这样。

下面，我们介绍几种运用求人语言的具体技巧，也许会有助于你的请求得到最理想的答复。

（1）以情动人。这一般用于比较大的或较为重要的事情上。把对人的请求融入动情的叙述中，或申述自己的处境，以表示求助于人是不得已之举；或充分阐明自己所请求之事并非与被请求者无关，以使对方不忍无动于衷、袖手旁观。

（2）先"捧"后求。所谓"捧"在这里是指对所求的人的恰到好处、实事求是的称赞，并不包括那种漫无边际、肉麻的吹捧。求人时说点对方乐意听的话，尤其是顺便就与所求的事有关的方面称赞对方一下，也不失为一种求人的好办法。

（3）"互利"承诺。这是指在求人时不忘表示愿意给对方以某种回报，或将牢记对方所提供的好处，即使不能马上回报对方，也一定会在对方用得着自己的时候鼎力相助。配以"互利"的承诺，让对方觉得他的付出值得，同时也会对求助者多一分好感。

（4）寻找"过渡"。倘若向特别要好和熟悉的人求助，可以直截了当、随便一点。但有时求助于关系一般的人、陌生人或社会地位较高的人时，则常常需要一个"导入"的过程。这个导入过程可长可短，得视情况而定。

此外，还要尽量防止自己的话无意间冒犯了对方。所以，在有求于人时应事先对对方有所了解，若无意中冲撞了对方，岂不前功尽弃？

找到对方感情的软肋

有了"突破口"，便可以以点带面或由此及彼地发挥开去，从而实现让对方在感情上接受你的效果。老人、小孩容易接近，也喜欢你接近，融洽全家气氛，这样就能达到水到渠成的"套近乎"的目的。

日常交往并不总是在熟人间进行，但求人办事则常常要闯入陌生人的领地。进入一个陌生的家庭环境里，要迅速打开局面，首先要寻求理想的"突破口"。

人常说：要讨母亲的欢心，莫过于赞扬她的孩子。聪明的人应该利用孩子在交际过程中充当沟通的媒介，一桩看似希望渺茫的事，经过孩子的起承转合，反倒迎刃而解。

纽约某大银行的乔·理特奉上司指示，秘密进入某家公司进行信用调查。正巧理特认识另一家大企业公司的董事长，这位董事长很清楚该公司的行政情形，理特便亲自登门拜访。

当他进入董事长室，才坐定不久，女秘书便从门口探头对董事长说："很抱歉，今天我没有邮票拿给您。"

"我那12岁的儿子正在收集邮票，所以……"董事长不好意思地向理特解释。

接着理特便开门见山地说明来意，可是董事长却含糊其辞，一直不愿作正面回答。理特见此情景，只好离去，没得到一点儿收获。

不久，理特突然想起那位女秘书向董事长说的话，邮票和12岁的儿子。同时，也联想到他服务的银行国外科每天都有许多来自世界各地的信件，有许多各国的邮票。

第二天下午，理特又去找那位董事长，告诉他是专程替他儿子送邮票来的。董事长热诚地欢迎了他。理特把邮票交给他，他面露微笑，双手接过邮票，就像得到稀世珍宝似的自言自语："我儿子一定高兴得不得了。啊！多有价值！"

董事长和理特谈了40分钟有关集邮的事情，又让理特看他儿子的照片。一会儿，没等理特开口，他就自动地说出了理特要知道的内幕消息，足足说了一个钟头。他不但把所知道的消息都告诉了理特，又召回部下询问，还打电话请教朋友。理特没想到区区几十张邮票竟让他圆满地完成了任务。

其实，再强硬、再难打交道的人，只要能找到他感情的软肋，事情就好办。人心都是肉长的，你的话如能让他的心窝子热乎乎的，求人办事会变成别人主动为你办事。

利用缘情，巧于攀亲

能拉下脸来，关键时刻把攀关系的话说出口，这就是本事。有了这个本事和技巧，有些事就好办多了。

常言道：是亲三分向。早认识一天就会比陌生人强得多。更何况大凡彼此认亲者都有认亲的纽带，而这种纽带最起码的条件便是志同道合，不然这种亲便攀不成。如三国的刘、关、张，就应数这一类，是共同志向的纽带把他们连在一起。然而攀亲只是扩大力量或巴结权贵的一种手段，刘备的称号刘皇叔，说开了也只是拉大旗做虎皮，为自己撑门面而已。

其实，利用缘情，巧于攀亲，达到为自己办事的目的，并不是当今社会的产物。民国大军阀曹锟的最初发迹就是靠千方百计攀亲爬上去的。

清廷批准袁世凯编练新建陆军后，曹锟投入袁世凯的帐下。此时袁已成为慈禧太后十分倚重的人物，曹锟只当了一个小小的管带。他清楚地知道，要想升迁，非得依靠袁世凯不行，曹锟庆幸自己以前东游西荡的贩布生涯，在那个时候，他已学会了一套善于吹拍、见风使舵的本领。可光会拍马还不行，他一直苦于没有见袁世凯的机会。

正当他徘徊彷徨、十分苦恼之时，一个偶然的机会，他听说天津宜兴埠曹克忠与袁世凯原系世交，于是备了一份厚礼，从小站跑到天津，登门求见曹克忠。拜见曹克忠时，曹锟口若悬河，与曹认宗攀亲。曹克忠在曹锟花言巧语的蛊惑下，认他为族孙，并且答应由他的姨太太出面向袁世凯说情。

俗语说，吃了人家的嘴短。曹克忠的姨太太没少在袁世凯面前替曹锟说话。有了姨太太这个内援，加上曹锟的逢迎阿谀，他很快受到重用，几年间便由一个小管带爬上了总兵职衔。

民间常有"沾亲带故"的说法，实际上，"沾亲"就是攀附的意思，就是像曹锟这样，千方百计地"踏破铁鞋"沾觅有能耐的亲戚。

一个"沾"字是利用亲戚关系的一个很好的方法，它需要充分发挥人的主观能动性，善于发现隐藏在人际关系网络中的可用之线，然后顺藤摸瓜，也许就会找出一大串"得道飞升"的亲戚，而他们所起的作用，往往也会回报你所付出的。

现代社会，由于人们大规模的迁徙，以及人际交往的减少，许多人的亲戚交错分布在各个地方，致使亲戚之间存在着互不认识的现象，因此，有一些"得道"的亲戚你也许并不知道。

然而，一旦自己陷入困境，需要求助的话，这些亲戚也许就是能帮助你的对象，千万要注意提醒自己，放下架子，说不定真的是"柳暗花明又一村"！

有礼举止，使你脱颖而出

中国是礼仪之邦，说话办事能否顺利达到目的，礼貌举止有时会起到很大的作用。

礼貌是一种柔韧的智慧，这种平和和内敛表达着对别人的尊重，不会激起对方的反感，也就自然地给自己拓宽了回旋空间，这就是君子生活在人性丛林中必须遵守的规则，"有礼走遍天下，无礼寸步难行"，从这个意义上讲，没有礼貌的人是举步维艰的。

一个年轻人在下雨天赶到一家公司面试，进门前，他尽力将雨伞上的水弄干，又在门口的脚垫上仔细地擦了擦脚底的泥水，进门后他把雨伞轻轻倚在门口的墙上，然后向面试官鞠躬问好。经过半个多小时的问答后，年轻人起身告辞，并为自己在雨天来访所带来的麻烦表示道歉。这次招聘一共对 70 多人进行了面试，他们的条件都很不错，有的有大企业工作经验，有的有学校的推荐信，但最后录取的却是那位条件并不出众、在雨天面试的年轻人。助手不解地问主管："那个年轻人既缺少经验，又没有学校的推荐信，为什么偏偏录取他呢？"主管笑了，说："谁说他没有推荐信，他的礼貌就是最好的推荐信！"

年轻人有礼的举止，使他在 70 多个应聘者中脱颖而出，受到了考官的青睐，可见礼貌对人的影响是非常大的。人际交往中，促使人与人之间相处圆满的最好方法就是"礼"。它代表尊敬、尊重、亲切、体谅等意义，同时也表现出个人修养。

"人而无礼，不知其可"，粗俗的言行与得体的礼貌将产生截然不同的交际效果。

和别人打交道，总是以称呼开头，它好像是一个见面礼，又好像是进入社交大门的通行证。称呼得体，可使对方感到亲切，交往便有了基础。称呼不得体，往往会引起对方的不快甚至愠怒，双方都会陷入尴尬境地，致使交往梗阻甚至中断。那么，怎样称呼才算得体呢？

（1）考虑对方的年龄特征

见到长者，一定要呼尊称，特别是当你有求于人的时候，比如："老爷爷"、"老奶奶"、"大叔"、"大娘"、"老先生"、"老师傅"、"您老"等，不能随便喊："喂"、"嗨"、"骑车的"、"放牛的"、"干活的"等，这样会使人讨厌，甚至发生不愉快的口角。另外，还需注意，看年龄称呼人，要力求准确，否则会闹笑话。比如，看到一位 20 多岁的妇女就称"大嫂"，可实际上人家还没结婚，这就会使人家不高兴，不如称她"某小姐"合适。

（2）考虑对方的职业特征

我们在社会上看到一些青年人，不管遇到什么人都口称"师傅"，难免使人反感，可见在称呼上还必须区分不同的职业。对工人、司机、理发师、厨师等称"师傅"，当然是合情合理的，而对农民、军人、医生、售货员、教师，统统称"师傅"就有些不伦不类，让人听着不舒服。对不同职业的人，应该有不同的称呼。比如，对农民，应称"大爷"、"大娘"、"老乡"；对医生应称"大夫"；对教师应称"老师"；对国家干部和公职人员、对解放军和民警，最好称"同志"。在新的历史条件下，随着改革和开放的深入发展，人们的社会交往日渐频繁和复杂，人们相互之间的称呼也就越来越多样化，既不能都叫"师傅"，也不能统称"同志"。比如，对外企的经理、外商，就不能称"同志"，而应称"先生"、"小姐"、"夫人"等。对刚从海外归来的侨胞以及港台同胞，若用"同志"称呼，有可能使他们感到不习惯，而用"先生"、"太太"、"小姐"称呼倒会使人们感到自然亲切。

（3）考虑对方的身份

有位大学生一次到老师家里请教问题，不巧老师不在家，他的爱人开门迎接，当时这位学生不知称呼她什么为好，脱口说了声"师母"。老师爱人感到很难为情，这位学生也意识到似乎有些不妥，因为她也就比这位学生大 10 多岁。遇到这种情况该怎么称呼呢？按身份，老师的爱人，当然应称呼"师母"，但是，人家因年龄关系可能不愿接受。最好的办法就是称呼"老师"，不管她是什么职业（或者不知道她从事什么职业），称呼别人老师含有尊敬对方和谦逊的意思。

（4）考虑自己与对方之间的亲疏关系

在称呼别人的时候，还要考虑自己与对方之间关系的亲疏远近。比如，和你的兄弟姐妹、同窗好友、同一车间班组的伙伴见面时，还是直呼其名更显得亲密无间，欢快自然，无拘无束。否则，见面后一本正经地冠以"同志"、"班长"、"小姐"之类的称呼，反倒显得外道、疏远了。当然，为了打趣故作"正经"，开个玩笑，也是可以的。

在与多人同时打招呼时，更要注意亲疏远近和主次关系。一般来说以先长后幼、先上后下、先女后男、先疏后亲为宜。在外交场合，宴请外宾时，这种称呼先后有序更为重要。

（5）考虑说话的场合

称呼上级和领导要区别不同的场合。在日常交往中，对领导、对上级最好不称官衔，以"老张"、"老李"相称，使人感到平等、亲切，也显得平易近人，没有官架子，明智的领导会欢迎这样的称呼的。但是，如果在正式场合，如开会、与外单位接洽、谈工作时，称领导为"王经理"、"张厂长"、"赵校长"、"孙局长"等，是非常必要的，因为这能体现领导的严肃性、领导的权威性和法人资格，是顺利开展工作所必需的。

（6）考虑对方的语言习惯

我国幅员辽阔，人口众多，方言、习俗各异。在重视推广普通话的前提下，还要注意各地的语言习惯。违背了当地的语言习惯，就可能碰钉子。

有人在承德避暑山庄碰到这样一件事情：几个年轻人结伴去旅游，这天他们从避暑山庄出来，想去外八庙，为了抄近路，两个小伙子上前去问路，正遇上一个卖鸡蛋的农家姑娘。一个小伙子上前有礼貌地叫了声："小师傅！"开始这姑娘没有答应，小伙子以为她没听见，又高声叫了一声，这下可激怒了这位姑娘，她嘴上也不饶人，气呼呼地说："回家叫你娘小师傅去！"两个小伙子还算有涵养，压了压火气，没有发作。本来是有礼貌地问路，反倒挨了一顿骂。这是为什么？后来才知道，当地的农民管和尚、尼姑才称"师傅"，一个大姑娘怎愿意听你称她"小师傅"呢？两个小伙子遭到痛骂也就不奇怪了。

礼仪看起来好像简单，但处理不好会耽误大事。三国时，袁绍谋士许攸投奔曹操后，向曹操献了一计，致使袁绍失败，他自恃功高，在曹操欲进翼城城门时一句"阿瞒,汝不得我,焉得入此门?"为自己掘好了墓坑。所以,有一日,许褚走马入东门,他再次以"汝等无我安得入此门"发问时,被许褚怒而杀之了,并且将其人头献给了曹操。虽然曹操深责许褚,但从许褚献头时所说"许攸无礼,某杀之矣!"的理由看,不能不说许攸是死于曹操之手,因为其只对许褚"无礼"是不可能被随便杀之的,最起码曹操有默许之嫌。可见有礼与无礼有生死之别。

有这么一件事,一位妇女抱着小孩上火车,车上位子已经坐满,而这位妇女旁边,一位小伙子却躺着睡觉,占了两个人的位子。孩子哭闹着要座位,并指着要他让座。小青年假装没听见。这时,小孩的妈妈说话了:"这位叔叔太累了,等他睡一会儿,他就会让给你的。"

几分钟后,青年人起来客气地让了座。

这位妇女无疑处于一个"求人"的地位,她能靠一句话而求人成功,聪明之处正在于以一个"礼"字把对方架在了很高的位置:他应该休息,而且他是个好人,因为如果他不"睡"了,他会主动把座位让给你的。显然,一个再无礼的人面对这样的礼貌也不会无动于衷。

谁都愿听顺耳话,何况是在被人求的时候,明白了这一点,在求人办事时就应该知道怎么做了。

央求不如婉求,劝导不如诱导

要引起别人对你的计划的热心参与,必须先诱导他们尝试一下,可能的话,不妨使他们先从做一点容易的事儿入手。这些容易成功的事情,在他们看来,往往是一种令人兴奋的真正的成功。

有时候,开口就把所求之事告诉对方,一旦被对方回绝,便没有了回旋的余地。不妨尝试着用"顺便提起"的说话技巧，好像不经意间说出来，让对方在不知不觉中答应下来。

美国《纽约日报》总编辑雷特身边缺少一位精明干练的助理，他的目光瞄准了年轻的约翰·海，他需要他帮助自己成名，帮助雷特成为这家大报的成功出版家。而当时约翰刚从西班牙首都马德里卸除外交官职，正准备回到家乡伊利诺州从事律师业。

雷特请他到联盟俱乐部吃饭。饭后，他提议请约翰·海到报社去玩玩儿。从许多电讯中间，他找到了一条重要消息。那时恰巧国外新闻的编辑不在，于是他对约翰说："请坐下来，为明天的报纸写一段关于这消息的社论吧。"约翰自然无法拒绝，于是提起笔来就做。社论写得很棒，雷特看后很赞赏，于是雷特请他再帮忙顶一个星期、一个月，渐渐地干脆让他担任这一职务。约翰就这样在不知不觉中放弃了回家乡做律师的计划，而留在纽约做新闻记者了。

由此可以得出一条求人办事儿的规律：央求不如婉求，劝导不如诱导。

在运用这一策略的时候，要注意的是：诱导别人参与自己的事业的时候，应当首先引起别人的兴趣。

当你要诱导别人去做一些很容易的事情时，先得给他一点小胜利。当你要诱导别人做一件重大的事情时，你最好给他一个强烈刺激，使他对做这件事有一个要求成功的渴求。在此情形下，他的自尊心被激起来了，他已经被一种渴望成功的意识刺激着了，于是，他就会很高兴地为了愉快的经验再去尝试一下。

凡是领袖人物，都懂得这是使人合作的重要策略。但有的时候，常常要费许多心机才能运用这个策略，有时候又很便当，像雷特获得约翰一例，他只是稍许做了些安排。

要想求人就不怕被驳面子

"厚脸皮"绝不是不要脸，所以不管"泡"也好，还是"厚"也好，都要有度，度是办事成功的标尺。

既然是求人，不可能你说什么人家听什么，难免有驳你面子的时候，这时候就需要一点厚脸皮。

有这么一位朋友，去找别人办事，拿出烟来递给对方，对方拒绝了，他便一下子失去了托朋友办事的信心。这样不行，这样的心态什么事也办不成。俗话说，"张口三分利，不给也够本"，见困难就退是求人办事的大忌。有道是人在屋檐下，不得不低头，想当乞丐又不想张口，有几个这样的"大头"，愿意主动地把好处让给你？要是真有那样的事倒要好好地研究一下他的动机了。所以我们说，要想求人应该有张厚脸皮。如上例所说，对方不要你的烟，可能是因为怕你找他去办事，所以才拒绝的。但话说回来，你应该这样想才对，对方不要你的烟，并不等于你不能找他去办事，尽管他用这种办法给你求他的念头降了温，但俗话说，"让到是礼"，你同他一直是处在同一个高度上讲话。虽说求人三分短，但刘备尚能三顾茅庐，你比刘备如何？更何况不图二分利，不起大五更。如果你决定求人，对方一时不能合作，你不妨一而再，再而三，反复申请，反复渲染，反复强调，那么有可能就会精诚所至，金石为开的。

宋朝赵普曾做过太祖、太宗两朝皇帝的宰相，他是个性格坚韧的人。在辅佐朝政时自己认定的事情，就是与皇帝意见相悖，也敢于反复地坚持。

有一次赵普向宋太祖推荐一位官吏，太祖没有允诺。赵普没有灰

第九章 —— 求人办事恰到好处 —— 让他人乐意为你办事

· 155 ·

心，第二天临朝又向太祖提出这项人事任命事项，请太祖裁定，太祖还是没有答应。

赵普仍不死心，第三天又提出来。

连续三天接连三次反复地提，同僚也都吃惊，赵普何以脸皮这般厚。太祖这次动了气，将奏折当场撕碎扔在了地上。

但赵普自有他的做法，他默默无言地将那些撕碎的纸片一一拾起，回家后再仔细粘好。第四天上朝，他话也不说，将粘好的奏折举过头顶立在太祖面前不动。

太祖为其所感动，长叹一声，只好准奏。

赵普还有类似的故事。

某位官吏按政绩已该晋职，身为宰相的赵普上奏提出，但因太祖平常就不喜欢这个人，所以对赵普的奏折又不予理睬。

但赵普出于公心，不计皇上的好恶，前番那种韧性的表现又重复起来。

太祖问他："若我不同意，这次你会怎样？"

赵普面不改色："有过必罚，有功必赏，这是一条古训，不能改变的原则，皇帝不该以自己的好恶而无视这个原则。"

也就是说，你虽贵为天子，也不能用个人感情处理刑罚褒赏的问题。这话显然冲撞了宋太祖，太祖一怒之下拂袖而去。

赵普死跟在后面，到后宫皇帝入寝的门外站着，垂首低头，良久不动，下决心皇帝不出来他就不走了。据说太祖很为感动，便勉强同意了。

另外，平常说话办事中还有一种较好的办法，叫"泡蘑菇"，也属这个范畴。就是不管对方答应不答应，采取不软不硬的蘑菇战术，不达目的誓不罢休。即不怕对方不高兴，在保证对方不发怒的前提下，让对方在无可奈何中答应你的要求。但使用这种方法要适度，就是说，想

"泡蘑菇"，不仅要能"泡"，还要会"泡"。换言之，"泡"，不是消极地耗时间，也不是硬和人家耍无赖，而是要善于采取积极的行动影响对方，感化对方，促进事态向好的方向转化。

某市保险公司张科长到一个乡开展保险业务，因群众对保险工作性质不了解，怕吃亏，不愿参加，其中村长最为固执。张科长决心攻下这个堡垒，他天天跑几十里去向他们宣传、动员，村长怕见他，就躲着走。一次听说村长到几十里外的邻县亲戚家帮助盖房，他骑车追了去，车子一放，袖子一挽就干活，干完活还和村长磨。

为了找一个长谈的时机，张科长干脆天不亮就起床，冒雨赶到村里，在村长家门外一站就是两个钟头。村长起床后一开门就愣住了，见张科长淋得像水鸡，便一把将他拉进屋里说："张科长，你就别'泡'了，我们参加还不成吗？你这种精神头，就是'上帝'也得举手投降！"

村长这个堡垒一攻破，这个村参加保险工作的局面就打开了。

俗话说："人心都是肉长的。"不管双方认识距离有多大，只要你善于用行动证明你的诚意，就会促使对方去思索，进而理解你的苦心，从固执的框子里跳出来，那时你就将"泡"出希望了。

话里话外能拉杆大旗做虎皮

现实生活中，我们常有这样的经验，求一些有地位、有名望的亲戚为自己办事，亲戚碍于身份，不好直接出面。但我们打着他的大旗，去求别人办事，因为别人也知道是亲三分向的道理，知道间接的人情世故，所以常会给一些面子的。

场面上说话有没有分量，有时候要首先看你的身份。这个时候，如果想方设法借个别人的大名，话里话外能拉杆大旗做虎皮，话既好说，事亦好办。

清政府的官场中历来靠后台，走后门，求人写推荐信。军机大臣左宗棠从来不给人写推荐信，他说："一个人只要有本事，自有人用他。"左宗棠有个知己好友的儿子，名叫黄兰阶，在福建候补知县多年也没候到实缺。他见别人都有大官写推荐信，想到父亲生前与左宗棠很要好，就跑到北京来找左宗棠。左宗棠见了故人之子，十分客气，但当黄兰阶一提出想让他写推荐信给福建总督时，登时就变了脸，几句话就将黄兰阶打发走了。

黄兰阶又气又恨，离开左相府，就闲蹓到琉璃厂看书画散心。忽然，他见到一个小店老板学写左宗棠的字体，十分逼真，心中一动，想出一条妙计。他让店主写柄扇子，落了款，得意洋洋地摇回福州。

这天，是参见总督的日子，黄兰阶手摇纸折扇，径直走到总督堂上，总督见了很奇怪，问："外面很热吗？都立秋了，老兄还拿扇子摇个不停。"

黄兰阶把扇子一晃："不瞒大帅说，外边天气并不太热，只是我这柄扇是我此次进京，左宗棠大人亲送的，所以舍不得放手。"

总督吃了一惊，心想：我以为这姓黄的没有后台，所以候补几年也没任命他实缺，不想他却有这么大后台。左宗棠天天跟皇上见面，他若恨我，只消在皇上面前说个一句半句，我可就吃不住了。总督要过黄兰阶的扇子仔细察看，确系左宗棠笔迹，一点不差。他将扇子还与黄兰阶，闷闷不乐地回到后堂，找到师爷商论此事，第二天就给黄兰阶挂牌任了知县。

黄兰阶不几年就升到四品道台。总督一次进京，见了左宗棠，讨好地说："宗棠大人故友之子黄兰阶，如今在敝省当了道台了。"

左宗棠笑道："是嘛！那次他来找我，我就对他说：'只要有本事，自有识货人。'老兄就很识才嘛!"

黄兰阶能够官拜道台,是以左宗棠这个大贵人为背景,让总督这个小贵人给他升了官,实在是棋高一着的鬼点子。当然,欺世盗名,瞒天过海,是应该遭受谴责的,清政府的官场腐败也令人惊诧而痛恨。

单从借力的角度,为自己寻求一些贵人作为背景,从而使自己尽快得到提拔,英雄有用武之地,却是很值得研究的。

用最简单的语言把意思表达到位

求人办事尤其是场面上对方对你还有一定距离感的时候,要想让人家心甘情愿地替你办事,一味靠夸夸其谈不一定能解决问题,重要的是摸清对方底细,对症下药,话不必多,一定要说到点子上。

求人一定要学会说话技巧,话要说清楚,真正懂得说话的人都知道沟通是要让对方完全明白自己真正的意思。

求人时,语言一定要简明扼要,不需要刻意雕琢言语、故意咬文嚼字,要尽量抛弃那些造作的、文绉绉的词汇,而要有真意、不粉饰、少做作,表现朴素、自然,以平易近人的语言把话说得自然、通畅。

晚清红顶商人胡雪岩在办事说话时可以说深得其中真味。

自从胡雪岩的靠山王有龄上任"海运局"坐办后,抚台交托王有龄去上海买商米来代垫漕米,以期早日完成浙粮京运的任务。漕米运达的速度,与江南诸省地方官的前途关系甚大。至于买商米的银款,由胡雪岩出面,到他原来的钱庄去争取垫拨。

在松江,胡雪岩听到他们的一位朋友说,松江漕帮已有十几万石米想脱价求现,于是他弃舟登岸,进一步打听这一帮的情形,了解到松江漕帮中现管事的姓魏,人称"魏老五"。胡雪岩知道这宗生意不容易做，但一旦做成，浙江粮米交运的任务随即就可以完成，可减免许多麻烦，所以他决定亲自上门谒见魏老爷子。

胡雪岩在他的两位朋友刘老板和王老板的带领下，来到了魏家。时值魏老爷子未在家，只其母在家，她请三人客厅候茶。只见到魏老爷子的母亲，刘、王二老板颇觉失望，然胡雪岩细心观察，发现这位老妇人慈祥中透出一股英气，颇有女中豪杰的味道，便猜定她必定对魏当家的有着很深的影响力。心下暗想，要想说动姓魏的，就全都着落在说服这位老妇人身上了。

胡雪岩以后辈之礼谒见，魏老太太微微点头用谦逊中带着傲岸的语气请三人喝茶，一双锐利的眼光也直射胡雪岩。当三人品了一口茶之后，魏老太太开门见山地问道："不知三位远道而来，有何见教？"

胡雪岩很谦卑地说道："我知道魏当家的名气在上海这一带响当当的，无人不晓，这次路过，有幸拜访。并想请魏大哥和晚辈小饮几杯，以结交结交友情。"

寒暄过后，在魏老太太的要求下，胡雪岩也不便再拐弯抹角了，便把这次的来意向魏老太太直说了。听完胡雪岩的话后，魏老太太缓缓地闭上眼睛。胡雪岩感觉到整个空气似乎凝固了，时间过得很慢。良久，魏老太太又缓缓地睁开眼睛，紧紧地凝视着胡雪岩说道："胡老板，你不知道这样做是砸我们漕帮弟兄的饭碗吗？至于在裕丰买米的事，虽然我少于出门，但也略知一二，胡老板有钱买米，若裕丰不肯卖，道理可讲不通，这点江湖道义我还是要出来维持的。倘若只是垫一垫，于胡老板无益可得，对于做生意的，那可就不明所以然了。"

听了魏老太太的话，胡雪岩并没有灰心，相反却更加胸有成竹地大声说道："老前辈，我打开天窗说亮话。如今战事迫急，这浙粮京运可就被朝廷盯得紧了，如若误期，朝廷追究下来不但我等难脱罪责，我想漕帮也难辞其咎吧！为漕帮弟兄想想，若误在河运，追究下来，全帮弟兄休戚相关，很有可能被扣上通匪的嫌疑，魏老前辈可对得起全帮弟兄？"

这句软中带硬的话正好击中魏老太太的要害之处，使得魏老太太不得不仔细思量，终于答应了胡雪岩的要求。

胡雪岩再三强调其中道理，魏老太太听完之后，终于心中暗肯，于是吩咐手下人将儿子魏老五叫来。

过不多久，一男子风尘仆仆地冲了进来，只见他大约40岁上下，个头不高，但浑身肌肉饱满黝黑，两眼目光也是如鹰一样，内行人一见便知是个厉害角色。此人正是漕帮现在的执事魏老五。魏老五向魏老太太请安后，魏老太太引见了胡雪岩和刘、王二位老板，看着老人家对胡雪岩三人的尊敬劲儿，魏老五也很客气地称呼胡雪岩为"胡先生"。

魏老太太说："胡先生虽是道外之人，却难得一片侠义心肠。老五，胡先生这个朋友一定要交，以后就称他'爷叔'吧。"

老五很听话地改口叫道"爷叔"。

"爷叔"是漕帮中人对帮外的至交的敬称，漕帮向来言出必行，虽然胡雪岩极力谦辞，但魏老五喊出第一声"爷叔"，其余的人也就跟着齐呼"爷叔"。

当晚，魏家杀鸡宰鹅，华灯高掌。魏老太太、魏老五、胡雪岩、刘、王二位老板频频举杯，以祝友谊。就这样，凭着胡雪岩的三寸不烂之舌，很快就与漕帮的龙头老大魏老五由初识而结成莫逆之交。以魏老五的威信，胡雪岩买米的事已不成问题。

在与魏老五的关门弟子尤老五，也就是现行的漕帮老大商谈买米一事中，胡雪岩见尤老五面露难色，只是迫于师父魏老五的面子不好讲，所以口头上虽然答应了，心里面却是十二分的不愿意。见此情景，胡雪岩并没有乘人之危，买了米就走。他打开天窗说亮话，告诉尤老五，有什么难处只管说，不然我胡雪岩就不买这批米了。尤老五见胡雪岩如此直爽，也没什么顾虑了，就把自己心中的隐衷对胡雪岩一吐为快。原来，自从官粮海运以后，漕帮的处境十分艰难，目前正是缺银少钱的时候，他们需要的是现钱，而胡雪岩的"买"只是一时的权宜之计，待官粮收齐后，又要退还漕帮，现在买，只是一时的周转之计，以后到漕帮手里的还是米，这使尤老五很为难，但魏老五已经答应下来了，他也不敢有所怨言。

胡雪岩了解到这种情况后，马上与出资买米的钱庄总管张福康商量，看钱庄能不能待漕帮把退还的米卖掉后再收回现在支出的银两，而不是一待退米之后，就急于收回银两。张福康知道胡雪岩是值得信赖的人，二话没说就答应了。

尤老五的难处解决了，他自然非常高兴，也极为欣赏胡雪岩的为人。于是，买米的事很快就谈妥了。

胡雪岩这次买到的不仅仅是米，还买到了与尤老五的"情"。自此以后，尤老五对胡雪岩"唯命是从"，只要是胡雪岩的货，漕帮绝对是优先运输。所以，胡雪岩的货运向来是畅通无阻、来往迅速。不仅如此，尤老五还把他在漕帮中了解到的商业信息，及时向胡雪岩汇报。胡雪岩有此商业"密探"，自然增加了对商场情况的了解，在商业活动中抢占了不少有利时机。

作为一个商人，自然要就货论价谈生意。但是当时中国的生意场是十分复杂的，有洋商、有买办，有亦官亦商、有亦匪亦商，还有像魏老五这样的帮派之商，所以经商时既要讲商道，又要能进什么门说什么话讲什么规矩。胡雪岩与魏老五、尤老五的漕帮打交道，首先以漕帮尊崇的一个"义"字打动了魏老五之母，又以其母之情去压魏老五，不管魏老五愿不愿意，漕帮的力量算是借定了。再加上胡雪岩替对方着想的善后处理，而不是以情压人达到目的就走，更使他赢得对方完全的信任。对于胡氏的说话技巧我们不能不由衷地佩服。

第十章

与不同的人说话恰到好处
——到什么山唱什么歌

要说话，先要看准对象，他是愿意和你说话的人吗？如果不是，还是不说为好。这个时候，是你要说话的时候吗？如果时候不对，还是不说话的好。说话的成功与失败，诚然与你的说话技巧有关，而是否得其人、得其时，也影响着说话的成败。

看清人才能说对话

　　根据说话对象的不同特点说相宜的话，是建立和谐人际关系不能缺少的说话技巧。一流的人际关系以一流的说话水准为基础，一流的说话水准又必须以看对象说话的能力为依托。

　　同样一句话，你对甲说，甲肯全神贯注地听；你对乙说，乙却顾左右而言他。这时候对甲说，甲乐于接受，那个时候对甲说，甲觉得不耐烦。这除了表示甲、乙两个人的生活环境不同，也表示甲前后的心情不一样。

　　对方正在紧张工作的时候，不要去说话；对方正在焦急的时候，不要去说话；对方正在盛怒的时候，不要去说话；对方正在放浪形骸的时候，也不要去说话；对方正在悲伤的时候，更不要去说话。只要有上述几种情形之一，你去说话，一定会碰一鼻子灰，不但说话的目的达不到，而遭冷遇、受申斥也是意料中的事。

　　你有得意的事，就该与得意的人谈；你有失意的事，就该和失意的人谈。和失意的人谈你得意的事，你不但不知趣，简直是挖苦、讥讽他，他对你的感情，只会更坏，不会变好。和得意的人谈你失意的事，他至多与你做表面的应付，决不会表示真实的同情。有时还可能引起误会，以为你是要请他帮助，他会预先防备，使你无法久谈。所以你要诉苦，应找同情形的人去诉，同病自会相怜，不但能得到精神上的安慰，亦可稍叙胸中不平之气。你要谈得意事，应该向得意的人去谈，志同道合。年轻人涵养功夫不够，稍有得意的事，便逢人就说且自鸣得意，结果招人厌烦，无意中还会惹起别人的妒忌。偶有不如意使你觉得满腹牢骚，如有骨鲠在喉，也不可逢人就诉，要不然结果就会是惹人讨厌，说你毫无耐性，甚至笑你活该。所以说话时，一定要注意以下三点。

首先，应先了解对方的一些经历情况和生活状况。思维方式的不同，对同一事物会产生不同的看法，有着不同的生活观点。了解这些情况后，才能把握说话的分寸。

其次，必须注意对方的心理特征。如果在交谈当中，不顾对方的心理变化，而一味地将想法统统搬出来，那么，你是得不到他的认同的，一厢情愿的谈话往往会让对方厌恶。

不该说话的时候说了，是犯了急躁的毛病；该说话的时候却没有说，从而失掉了说话的时机；不看对方的态度便贸然开口，叫做闭着眼睛瞎说。在交谈过程中，双方的心理活动是呈渐变状态的，这就要求我们在和人交谈中应兼顾对方的心理活动，使谈话内容和听者的心境变化相适应并同步进行，这样才能让交谈者达到明朗化，引起共鸣。

性格外向的人易于喜形于色，和他可以侃侃而谈；性格内向的人多半沉默寡言，则应注意委言婉语、循循善诱。

最后，必须考虑对方的反应。在中国北方，老人故世了，以"老了"讳饰；老干部过世了，以"见马克思去了"讳饰。再如，生活中对跛脚老人，应说"您老腿脚不利索"；对耳聋的人，应说"耳背"；对妇女怀孕说"有喜"。总之，在语言交流中讲究讳饰，也就是"矮子面前莫说矮"，应做到"哪壶不开就别提哪壶"。其他如用餐时需上厕所，一般以去"洗手间"来避讳。在社交场合使用这些讳饰式的委婉语，才不至于大煞风景。

射箭要看靶子，说话要看对象

你要说话，先要看准对象，他是愿意和你说话的人吗？如果所遇非人，还是不说为好；这个时候，是你要说话的时候吗？如果时候不对，还是不说话的好。诚然，说话的技巧与你说话的成功与失败有着直接关系，同时，是否得其人得其时，也与你说话的成败有很大的关系。多说话，别人未必当你是能干，少说话，也未必当你是呆子。

世界上没有两个完全相同的人，因为人有性别、教养层次、性格、心境、地域、文化背景等的区分。

人与人之间的差异有时是惊人的，不同的对象对同一句话会产生不同甚至相反的反应。因此，与不同的人沟通，就要采取不同的说话方式，就是俗话所说的"见什么人说什么话"。

（1）看性格说话，人各有其情，各有其性

言辞表达的内容与方式必须因人而异，符合接受对象的脾气、性格，才有可能产生"同声相应，同气相求"的效果。

在两千多年前，孔子就注重针对学生的不同性格来回答他的问题。有一次，孔子的学生仲由问："听到了，就去干吗？"孔子回答说："不能。"另一个学生冉求也问："听到了，就去干吗？"孔子说："干吧！"公西华听了感到疑惑，就问孔子："两个人问题相同，而你的回答却相反。我有点儿糊涂，想来请教。"孔子答："求也退，故进之；由也兼人，故退之。"（意思是，冉求平时做事好退缩，所以给他壮胆；仲由好胜，胆大勇为，因此我要劝阻他。）

由此可见，孔子诲人不是千篇一律，而是因人而异，尤其注重学生的性格特征。在日常交往、公关交往活动等各方面的交谈也要注意这一点。

（2）看性别说话，性别不同，对言辞的接受也有一定的差别

俄罗斯有一句谚语说："男人靠眼睛来爱，女人靠耳朵来爱。"这就指出性别对于接受是有影响的。无论是言辞涉及的内容，还是言辞表达的程度、声调都是如此。

在现实生活的社交场合、会议间隙、公益活动中，人们在礼节性的

互致问候之后，通常喜欢三个一群、五个一伙地聚在一起交流。而这三个、五个的，又总是按性别组合——男士与男士侃，女士与女士谈。我们注意到这样一个情况，男士的话题大而广，女士的话题小而生活。通常来说，男士爱谈的是时事、政治、法律、体育、文化、社会问题、经济动向等；而女士爱谈的则是孩子、丈夫、日常经济、消费心得、风流艳闻等。说话者必须依据性别选择说话的内容，努力使自己的言辞吻合接受者的性别需求。

在说话者言辞接受的程度上，通常来说，男士较能承受率直、干脆、粗放、量重的话语，而女士则喜欢委婉、轻柔、细腻、量轻的话语。说话者必须依据接受对象的性别选择自己的表达方式与程度。

在一般情况下，说话者假如是男士，而接受者又并非是自己的妻子、恋人或关系很密切的姐妹，那么，言辞就应当严格把握分寸，在内容上、方式上都要充分注意女性的接受特点。对一些可以向男士说的话，就不一定能向女士说；对一些可以向男士使用的表达方式，就不一定能用之于女士。

（3）看教养层次说话

教养是指接受对象的一般文化和品德水准，包括文化程度、知识积累、生活阅历、涵养气度等。教养层次的不同，对说话者言辞的接受程度也不同。有些话说出来，甲听得懂，理解得很好，乙也许会听不懂，理解不了。

作家丁玲的小说《太阳照在桑干河上》中的人物——工作组的组长文采的演讲，就是没有区分接受对象的教养层次和实际的需求，而致使"言者谆谆，听者藐藐"。

因此，说话者在进行言辞表达的时候，要认清自己的接受对象的教养层次怎么样，盲目表达不仅达不到交流的目的，甚至会弄巧成拙，贻笑大方。在现实的交往中，对接受对象教养的认识，有时不知道文化程度的高低、知识丰富与否也不了解。说话者面对这样的接受对象，一时间不能确定其教养程度时，所表达的言辞，应力求通俗化、大众化；那种故作深沉、吊书袋的做法，是不可取的。

（4）看地域说话

指的是接受对象所处的地理位置，包括国别、省别、族别等。不同的地域有不同的地域文化，彼此在认识、观念、习惯、风俗上都有一定的区别，对说话者言辞的接受就会有所不同。说话者在进行言辞表达的时候，应当认清接受对象的地域性，才会产生良好的交际效果。

因地域不同而产生的表达差别，甚至在同一个民族、同一个省区的不同位置，也有表现。比如，都是汉族，居于大陆者与居于台湾地区者对同一个概念的表达与接受就不一样：计划生育——家庭计划，接班人——传人，好莱坞——荷里活，撒切尔——柴契尔，新西兰——纽西兰，表演——作秀，立体声——身历声，渔民——讨海人……又如同为贵州人，对西红柿，贵阳人叫毛辣角，遵义人叫番茄，兴义人叫酸角，独山人叫毛秀才。说话者如果不区分这些地域上的差别，交流的目的就很难实现。有些严重的差异，如不分清，甚至还会对说话者产生严重的后果。

（5）看对方的心境说话

心境通俗地称为心情，是一种比较持久的、微弱的，但能影响人的整个精神活动的情绪状态。大家都知道，在听觉方面，声波在耳蜗内转变成一种可供神经系统使用的密码。通过神经系统的处理，听者就把这些编了码的信号感知为能够表达说话者意思的词汇。既然听者要将接受到的信息通过神经系统处理，那么，听者的心境，必然会影响到语言的交流效果。

人际交流中往往会有"言者无意，听者有心"的情况，说话不注意洞察对方的心理状态，通常会产生意外的问题。

《红楼梦》第八十三回写到大观园中一个婆子教训自己的外孙女："你这不成人的小蹄子！你是个什么东西，来这园子里头混搅！"这话恰好被黛玉听到，她误认为婆子骂她，于是大叫一声道："这里住不得了！"直气得"两眼一翻亡去"。

婆子的话本来是不让外孙女到大观园中来，但黛玉不这么想。她那种寄人篱下的特定处境和心态使她产生了误会。因此，同样一句话，不同的人听来感受会完全不同。

（6）看文化背景说话

随着社交范围的不断扩大，我们的交际对象也将会有不同国家、不同民族、不同地区、不同阶层的人，要适应交际的广泛性，就要考虑不同文化背景下说话的特点，使我们说出来的话与特定的文化背景协调一致。

比如，交际场合的称呼语，受文化背景的制约尤为明显。各民族在长期的社会发展中，形成了各自的称呼习惯，能使交际对象产生良好的心理效应。如，英、美人习惯称已婚妇女为"夫人"，未婚女子为"小姐"，在比较严肃的场合，一般统称为"女士"。如果错称已婚者为"小姐"，在比较严肃的场合一般会被谅解：理由是由于西方女性认为这是一个"令人愉快的错误"。可是，在日本妇女一般不称"女士"、"小姐"，而称"先生"，如"中岛京子先生"。

说话一定要看对象，是一个常识，也是一个原则。有位伟人曾经生动地说过："射箭要看靶子，弹琴要看听众，写文章、说话，就可以不看读者、不看听众么？"写文章要看读者，说话更要看听众，为了使自己的话引起对方的重视或取得对方的认可，顺利达到交流的目的和效果，说话就必须考虑看准对象，因人而异。

抓住对方的个性说话，才能一拍即合

每一个人都有自认为得意的事情，这事情的本身，究竟有多大价值，是另个一问题，而在他本人看来，却认为是一件值得终身纪念的事。你如果能预先打听清楚，在有意无意之间，很自然地讲到他得意的事情，只要他对你没有厌恶的情绪，只要他目前没有其他不如意的刺激，在情绪正常的情况下，他一定高兴听你说的。

你在说的时候当然要注意技巧，表示敬佩，但不要过分推崇，否则反而会引起他的不安。对于事情的关键，要慎重提出，加以正反两方面的阐述，使得他认为你是他的知己。到了这种境地，他自会格外高兴，自会亲自演述，你该一面听，一面说几句表示赞赏的话，如此一来，即使他是个冷寞的人，也可能会变得和蔼可亲，你再利用这一机会，稍稍暗示你的意思，作为第二次进攻的基点。这不是你的失败，而是你的初步成功，对于涉世经验不丰富的人，得此成绩，已不算坏，你若想一举成功，除非对方与你素有交情，又正逢高兴的时候，而且你的谈吐又是很容易令人接受的，否则千万不要存此奢望。

不过，对方得意的事情从哪里去探听呢？当然要另谋途径，先看你的朋友之中，有否与对方有交往的人，如果有，向他探听当然是最容易的。你如能留心报纸上的新闻，或其他刊物，平日记牢关于对方的得意事情，到时便可以应用。此外，要随时留心交际场中的谈话，这些时候谈到对方得意的事情，也是很平常的事。但是必须注意，对方得意的事情是否曾遭某种打击而不复存在，如有这种情形，千万勿再提起，以免引起对方不快，反而对你不利。因为对方在高兴的时候，你的请求，易于被接受，对方不高兴的时候，虽是极平常的请求，也会遭到拒绝。比方他新近做成一笔发财生意，你去称赞他目光准，手腕灵，引得他眉飞色舞，乘机稍示来意，也是好机会。诸如此类的例子很多，全在于你随时留心，善于利用。

不过当你提出请求时，第一要看时机是否成熟。第二说话要不亢不卑。过分显出哀求的神情，反而会引起对方藐视你的心理。尽管你的心里十分着急，说话表情还是要大方自然，并且要说出为对方着想的理由来，而不是为你自己打算。

在什么场合说什么话

人只要有一点长处，就值得同他交往。而你所交往的人，都或多或少地各有长处。

心理学原理告诉我们，在不同场合环境中，人们对他人的话语有不同的感受、理解，并表现出不同的心理承受能力。比如，在小场合和大场合，家庭场合与公众场合，人们对于批评性说法的承受能力有明显的差异。通常在公众场合中使用指责性说法最易引起人们反感，试想，如果这次批评是在两个人之间进行的，对方一般也决不会顶撞，可能会很平静地接受批评。

正因为受特定人际关系和场合心理的制约，有些话只能在某些特定场合里说，换一个场合就不行。同样一句话，在这里说和在那里说也有不同的效果。因此，在人际交往中，说什么，怎么说，一定要顾及场合环境，才有利于沟通。不顾及场合的心直口快是不值得提倡的。为了追求理想的表达效果，对于心直口快者来说，起码应注意这样几个问题：

（1）要在思想上强化场合意识

有些人在交际中对人说话直出直入，惹人生气，把事情办砸，完全是主观上缺乏场合意识的结果。他们对人很诚实，遇事时往往只从个人主观感觉出发，以为只要有话就应该说，心里有什么嘴上就说什么，不管什么场合环境就往外捅，结果有意无意地冒犯了人，自己还莫名其妙，不知道毛病出在哪里。有两个老工人平时爱开玩笑，几天没有见，一见面就说："你还没有'死'呀？"对方也不计较，回一句："我等着给你送花圈呢！"两个人哈哈一笑了事。后来甲因重病住进了医院，乙去医院看望，一见面想逗逗他，又说："你还没有死呀？"这一次，甲的脸一下子拉长了，生气地说："滚，你滚！"把他赶了出去。人家正在病中，心理压力很大。他在病房里对着忧心忡忡的病人说"死"，显然是没考虑场合，人家怎能不反感、恼火？其实，这位老工人说这话也是好意，想让对方开开心，只可惜他缺乏场合意识，开玩笑弄错了地方，才闹出了不愉快。

这个事例说明，有些人说话所以惹恼人，并不是他们不会说话，而是场合观念淡薄，头脑中缺乏这根弦。所以，对于这些人来说，当务之急在于增强场合意识，懂得不同场合对说话内容和方式的特定限制和要求，时时不忘看场合说话。应当努力做到在每次参加交际活动时，要把场合大小、人数多少及相互关系搞清楚，据此确定自己的说话内容和方式。在具体说法上，既要考虑自己的交际目的，又要顾及他人的"场合心理"，追求主客观的高度一致。

（2）要自觉摆脱谈吐上的惯性

人们的言行往往带有一定的习惯性。有些不当的话语并不是主观上想这样说，而是受习惯的支配一不留神脱口而出，造成与场合环境的不协调，事后连他们自己也感到后悔。比如，小李陪妻子高高兴兴上街买东西。在熙熙攘攘的商场里，妻子兴致很高，从这个柜台到那个柜台，买了这件，又看那件，快到中午了仍没有打道回府的意思，小李有些不耐烦了。当妻子提出再买一件高档羊毛衫的时候，他忍不住，生硬地说："你还有完没完，见什么买什么，你挣多少钱哪？"这句话刚出口，顾客们都朝他们这边看，妻子本来微笑的脸顿时变了样，生气地反驳道："怎么，我还没有花够钱呢，你急什么？我就要买，怎么着！"直把小李顶得说不出话来，难堪极了。接着发怒的妻子什么也不买了，气呼呼地自个走出商店。使小李不解的是，妻子的性格本来很温顺，在家里从来不大声说话，更不要说发火了，说她什么都不计较，可今天为什么她的火气这么大呢？很显然，是小李忽略了场合因素，把在家庭中惯用的说法拿到公众场合来，用生硬口吻指责妻子，刺伤了妻子的自尊心，才引发妻子为维护自己的面子表现出的强硬态度。

所以，心直口快的人必须有意识地摆脱自己口语表达上的惯性，养成顾及场合、随境而言的良好表达习惯。在交际活动中，要把交际对象、交际场合、交际时间等多种相关因素都考虑进去，想一想如何张口，选择最恰当的方式说话，以使自己的谈吐既符合场合要求，又符合对象的接受心理，最大限度地实现与交际对象的沟通。

（3）要善于控制自己的不良情绪

经验证明，人们忽略场合因素，造成语言失控，常常发生在情绪冲动之时。比如，有的人喝酒之后，或遇到兴奋事情时，情绪十分激动，甚至忘乎所以，不能自控，便会说出一些与场合气氛不协调的话来，造成不良后果。有个特能侃的青年，在朋友的婚礼酒席上，大侃自己的见闻，逗得人们哈哈大笑。不料他心血来潮，讲起了一个新婚之夜新郎杀死新娘的奇闻。还没等他说完，新娘的脸色就变了，新郎见状也火了，不客气地把他轰了出去。这个青年的失言就是由于情绪失控造成的。在喜庆场合卖弄自己的口才，说与场合、气氛很不协调又不吉利的话，难免惹恼人。

上司面前说话悠着点儿

经常见到这样的现象：晚辈怪长辈偏心，下属怪上司只心疼心腹，业务员怪老板只看重主管……一味地认定是对方不能一碗水端平，似乎很少有人会检讨一下，为什么那些人会讨人喜欢、让人疼。或许就是因为那些人拥有别人所没有的优势，才会受到不一样的对待啊！又何必愤愤不平地嚷嚷呢？

与其让不平衡的心态跟着自己走一生，何不尝试改变一下，看看是否也像别人一样找着了春天！

既然话通常不是对着自己说的，那么就得看看对方的脸色再适当地表达，才不会出错。当别人烦躁的时候，却凑上去嘀嘀咕咕；或是人家正兴高采烈，却一不小心浇他一头冷水，都是太不知趣了。当然，如果要让对方同意自己的想法，更是要看看对方的脸色，再选择合适的表达方法。所以，看人脸色过日子没什么不对，反而那些从来不去管别人感受的人，才需要好好反省一下。

"腰杆子"一向颇直的刘罗锅就是一个例子，他的能力强、有原则，沟通起来机灵得很，让乾隆皇帝不宠爱他都不行。

有一回他陪乾隆皇帝聊天，乾隆皇帝很感慨地说："唉！时光过得真快，就快成了老人家喽！"

刘罗锅看看皇帝一脸的感伤，于是说："皇上您还年轻哩！"

"我今年45岁，属马的，不年轻啦！"乾隆皇帝摇摇头，接着看了一眼刘罗锅问："你今年多大岁数啦？"

刘罗锅毕恭毕敬地回答："回皇上，我今年45岁，是属驴的。"

乾隆皇帝听了觉得很奇怪，于是就问："我45岁属马，你45岁怎么会属驴呢？"

"回皇上，皇上属了马，为臣的怎敢也属马呢？只好属驴喽！"刘罗锅似笑非笑地回答。

"好个伶牙俐齿的刘罗锅！"皇上抚掌大笑，一脸的阴霾尽去。

一个擅长说顺耳话的人，一定善体人意，机灵乖巧。能了解对方在想什么？需要什么？什么事情都逃不过他的眼睛。

通过观察，可以洞察先机，知道对方的想法，就算觉察对方有不同的意见，心里也有数，可以在心里有所准备，事先化解；也可以针对别人的反应，妥善安排自己的进退应对；依照对方的反应，适时给予鼓励赞美，把话说在适当时机，刚好说进对方的心坎里；发现对方不悦，临时刹车，避免沟通恶化，随机应变，事情就不会搞砸了；随时留心对方的脸色，适可而止地指责，让对方有个台阶下。这样子的沟通，一切都掌控在自己的手中，还能不顺畅吗？

虽说说顺耳话是一种天赋，其实也是可以学习的，怎么学呢？

和别人说话的时候，要慢半拍，仔细看看对方的表情，判断一下自己的这句话会引起什么反应。

传递坏消息时："我们似乎碰到一些状况……"你刚刚才得知，一件非常重要的工作出了问题，此时，你应该以不带情绪起伏的声调，从容不迫地说出本句型，千万别慌慌张张，也别使用"问题"或"麻烦"等字眼，要让上司觉得事情并非无法解决。

当上司传唤时说："我马上处理。"冷静、迅速地做出这样的回答，会令上司直觉地认为你是有效率听话的好下属。

表现出团队精神时说："莎拉的主意真不错！"莎拉想出了一个连上司都赞赏的绝妙点子，趁着上司能听到的时刻说出本句型，做一个不忌妒同事的下属，会让上司觉得你本性善良、富有团队精神，因而对你另眼看待。

闪避你不知道的事时说："让我再认真地想一想，三点以前给你答复好吗？"当上司问了你某个与业务有关的问题，而你不知该如何作答时，千万不可以说"不知道"，可利用本句型暂时解危，不过事后可得做足功课，按时交出你的答复。

有些人天生就比较敏感，能很轻易地看出别人的情绪反应。拥有这种知己知彼的能力，做起事情来就容易百战百胜。所以这是一种沟通上的优势，有了这种优势，沟通时就轻松多了。

跟下属要放下架子说话

人是有级别的，这一点不可否认，但不把级别当资本却不是一般人都能做到的。更有甚者，有些人当了芝麻粒大的小官，便不知天高地厚，不管在哪里都摆臭架子。岂不知，早在两千多年前中国的孔老夫子就曾说过"是为民而立王，不是为王而生民"，还有盛唐的一代明君唐太宗也曾说的"水能载舟亦能覆舟"的道理。一味地装腔作势，致使自己的下属敢怒不敢言，而心里却巴望着有那么一天，让他一头栽下去，永世不得翻身。所以，我们说，有地位是好事，他是一个人工作能力和资历的体现，也是一个人事业有成的佐证，但切不可因此而趾高气扬，不可一世。一个好的领导者只有与下属打成一片，才能受到下属的拥戴，才能把工作做得更好。

放下架子才能赢得人缘。赢得人缘未必都得给他人多大的好处，人缘是日积月累的善意。大善可以成圣，小善可以成贤。

放下你的臭架子就是不要高高在上，这是一种领导艺术，他可以使领导与被领导者之间拉近距离，从而使下级觉得你平易近人，会对你越发的尊重。

摆架子，几乎是每一个上司都爱做的，但如果上司真的摆了架子，无形中就会拉大与下属间的距离，下属有些知心话就不会对这样的上司讲，所以，作为上司，还是不摆架子的好。

如何与名人交谈

与名人说话时，不要有害羞畏怯的心理，只要真正表现出你内心的意思，你就能与任何名人开口说话。有些人对名人只是一味地说些奉承话及空洞话，这样是不能使对方愉快的。如果你是真诚的，那你就把深烙在内心的印象说给他听，他会感到愉快，但所用的措辞和说话的态度要得体。你可以把他视为一位有血有肉的人来对待，对他提出一些能够表达感情的问题，不要把他视为什么超人。他也实实在在像任何人一样，敌不过疲倦，也承受不住伤害。他们可能比你更脆弱，而且与你一样害羞。不要认为他的人格真的就如他借以出名的职业一样，他向公众所投射的信心、睿智、仁慈、滑稽或性感等影像，实际上往往是杜撰的。

当你同时面对两位名流时，不要只顾你所景仰的一位，而置另一位于不顾，这会使他们两位都不自在。你应该说，遇见二位，真是使人兴奋，如果你想和他们继续交谈，那么你必须保证话题是他们二位都能参加的。如果你对另一位名人并不熟悉，而且在经过介绍之后，你仍想不起有关他的任何事迹，你也不能对他有所疏忽。你必须一视同仁，表现同样的热情和友善。

不喜欢说话的名流，包括外貌滑稽突出而似乎容易亲近的喜剧演员在内，他们在舞台上已经笑到了极限，因此，在真实生活中有时候是再也无法幽默的。作家、诗人、画家、音乐家等从事创作性工作的人，虽不大喜欢说话，但这些人往往对政治乃至宗教都有广泛的兴趣。他们在社交场合也许不活跃、不自在，但他们有启发人们思想的独到之处。你和他们说话，必须耐心，不要轻易动怒，也不要太热切，要温和、冷静和体贴，就像对待任何敏感的人一样。

名人往往比寻常人有更多的成就，而且也有私人的嗜好。当你准备去拜访某位名流时，你可以预先做些谈话内容的准备，如果他是位知名度很高的名人，那么，你可以向有关方面的人去打听。比如他被邀来本地作演讲，而你想与他结识，那么你即可向邀请他的单位或个人索取有关他的资料，他们一般不会拒绝你索取资料的心意。

在多数情形下，与名人谈孩子是不会错的。你可以问对方有几个孩子，多大了，他们现在在哪儿以及孩子读书的学校好不好，学习成绩好不好。如果你也当了爸爸或妈妈，那么，你就更具备和他们谈孩子的资格了。你可以告诉他们，你的孩子已经长大。如果和对方的孩子同龄，你也可以向他们表达你对孩子蓄长发的感觉，或孩子喜欢搜集小卡片等的看法。但话题不要扯得太远，要适可而止，更不要把所有的私密都抖出来。

我们与大人物接近，最重要的就是不耍忽略了他们也是人，对待他们，完全要像对待平常人一样。他们也有欢乐、有悲伤、有缺点、有痛恨、有惊恐、有和平常人一样的情感。他们并不是上帝或神的傀儡，他们并不因为有了地位就不再是人。他们是和你一样的，这即是你和他们接触最坚实的基础。他们在什么时候都不是高不可攀的神。

如何与富有的人说话

富有的人有时比名流还要敏感，他的富有往往是别人与他谈话发生困难的关键。他的财富使你对他敬而远之——不只是心理上，实际上你的生活方式就和他有很长的一段距离。

他和你之间的谈话材料，因为你对他缺乏了解，甚至完全无知，而变得很有限。或许你可能认为，你和他之间没有谈话的余地。你当然可以这样使自己获得心理上的平衡，不能谈就不谈，反正于己也无损失。不过，假定你偏巧遇上了一位富翁，不管他是不是你的老板，你不知所措地呆站一旁，总是不好受的。

当你遇到富人时，你可以设法让他说说往事。过去的工作是否比现在更有趣？他奋斗到现在这个地位的关键是什么？谁是早年助他成功的英雄？当年的老板是否使他紧张？他的千万财富是不是他自己创造的？他怎样赚到他的第一笔百万财富的？如果一个问题问得他不大自在，你就要跳到另一个问题上去。不要紧盯着问，那会使彼此很不愉快。

如果他不愿意打开他的记忆之门，你就问他的工作时间，问他如何承担那么重大的责任，问他爱好哪些休闲活动以及怎样布置他的办公室等。很多有钱人的办公室，布置得就像豪华气派的皇宫一样，很有一谈的余地。同时要记住，当对方是一位富有之人时，不要忘了他也是血肉之躯，也是一个普通的人，你也可以和他谈谈他的健康问题。

在社交场合，我们不宜向各种专业人员要求提供免费的建议。即使你的问法很有技巧，那也是一种冒犯，而且你问得再有技巧也瞒不过专业人员。

对富翁们事业上的意见，以尽量避免为宜，如果确实有提出的必要，也许可以这样表白你的意见："这次能认识您，真令人高兴。我有一个困扰很久的小问题，我想您也许能解开我的迷惑。我发现有些公司生产的酱油，瓶盖很难打开，我奇怪何以要封得那么紧呢？"你所表达的是同一个意见，但其中有很大的不同。这种表达的方式，既显示出你对问题的关切，又未指名道姓地说出他的产品。你请他解答你的迷惑，你的立场是消费者，是外行人，而他是非常能干的大富翁，他会乐意答复你的问题，因为你是他的听客，而不是向他来挑战的。

当你和银行家、鞋店老板或任何孩子的母亲谈话时，均不宜过分直率。坦率是无可厚非的，但适当的含蓄更值得学习。当我们说你是怎么使这么多人来光顾你这里的，和我们说你这地方何以总是乱成一团，所表示的意思往往是一致的，但是，你要知道，前者是不会使人难堪的，而后者常会引起听者的懊恼。那么，我们何不取前者呢？

说话不是竞争，不是斗嘴。商人把他的时间和金钱都投资在他的事业之中，并与他的同行竞争，其中有些人发达起来，有些人奋力维持。如果他们能遇见一位能和他们交换意见而没有敌意的人，他们会觉得幸福和快慰。如果你能发现他可引为尊荣的地方以及他觉得有成就和有价值的地方，那么，他在你的眼前就会开花结果，你们之间也就形成了一种和谐友好的关系。

第十一章

繁话简说恰到好处
——说话啰唆招人烦

在说话中,务必学会长话短说,要"筛选"、"过滤"出最精辟的,恰如其分地表情达意的词句,尽可能以简短的话语表达出深刻的内涵。古人说:这样被求助的人就无法拒绝了。"善辩者寡言。"在历史上,不少讲话大师惜语如金,出言不凡,驾轻就熟,言简意赅,留下了许多珍贵的篇章。

说话要简短有力

文学大师高尔基曾说："简约的语言中有着最伟大的哲理。"在当今的信息时代，人们的生活节奏大大加快，人们不喜欢那些繁文缛节的空话套话。当众讲话要做到简洁、明快，就要千锤百炼，使自己的词汇丰富、思路清晰。因为词汇贫乏，表达必词不达意、思维模糊、语无伦次、枉费口舌。

有时你面对一个突发事件或一个刁钻的问题，不知所措固然不行，试图一五一十地把问题解释清楚也不是一个好办法。这时最好面不改色心不跳，迅速做出反应，以简单而又能避其锋芒的语言予以化解。

1972 年 5 月，在维也纳一次记者招待会上，《纽约时报》记者马克斯·弗兰克尔就出访美苏会谈的"程序性问题"采访基辛格。

"到时，你是打算点点滴滴地宣布呢，还是来个倾盆大雨，成批地发表协定呢？"

基辛格回答："我打算点点滴滴地发表成批声明。"全场顿时哄然大笑。

那位记者发问的方式是选择提问，如果基辛格照他那样选择其中一个来做答案的话，都不算是妥当的。基辛格巧妙地使用模糊语言，机智地摆脱了尴尬的困境。

果戈理有一句话："理智是最高的才能，但是如果不克制感情，它就不可能获胜。"如果说，我们在遇到尴尬的局面时都是心慌意乱，不能控制自己的感情的话，在这种特殊的场合下自然会穷于应付。这时，我们不妨来个将错就错，将繁琐的话简单地说说即可。

一说到某人口才好，人们的第一感觉就是口中滔滔不绝的"语流"。其实口若悬河并不单指这个人口才好，还得会说话才行，而会说话，首先强调的就是会繁话简说。

拖泥带水惹人烦

一个朋友F，是搞文学创作的，虽然本身的水平并不怎么样，但是他的那张嘴巴却是许多朋友所公认的废话连篇的楷模。无论什么话只要一开了头，他便会给你来一番洋洋洒洒的长篇大论，别人根本插不上半句。于是朋友们一听到F的声音便条件反射般地皱起眉头，最后给他送了个"大师"的绰号。在所有朋友们中间，A还算是比较有耐心的一个。

有一次"大师"的一个电话却让A的耐心全失。其实所要说的事只要一两句话便可说明：他写了一篇稿子，A看完后说不行，建议他再修改一下，可他没听，很自信地送到了杂志社，最后果然没发表。于是他呼A，向A解释稿子没发表的原因。

"我的这篇稿子本来是要发表的，已经讲好了，可是情况突然有了改变，上午还说发的，到下午变了。主要是因为……"接着便是近10分钟的解释。A开始还耐着性子听他的解释，虽然明知他的稿子之所以没发的真正原因，但是为了照顾朋友的面子，没有反驳他。但是眼看着时间在一分一分地过去，电话费也在几毛几毛地涨，最重要的还是A的一个约会时间已到，于是A再也忍耐不了了，只好打断他的话，急忙挂断了电话。

其实这件事根本不需要解释，即使解释也只不过是两句话的事："因为情况有了变化，稿子没有发。"如此而已，一分钟内便可解决。可是F竟用了十几分钟，最终仍没有将问题真正说清。就算是比A更

第十二章　繁话简说恰到好处
——说话啰唆招人烦

183

有耐心的人，也会忍受不了的。

所以在应酬中，交谈的话宁简勿繁、宁精勿滥，特别是在电话应酬中，更应该注意掌握时间。掌握好交谈的时间，给对方留有余地，同时给对方以发言的机会，你便会在应酬中赢得主动。

每一次应酬之前，都必须对本次交谈做到心中有数，该谈哪些话，不该谈哪些话，心里要有一本账，不要坐下之后，一谈起来便滔滔不绝，没完没了，这样会使人对你生厌。

柏拉图曾经告诫他的弟子说："拖泥带水的谈论，会让人对你产生厌倦。"这说明在应酬时，谈话应当以得体而简洁为好。如果一旦让人产生厌倦感，那么最终不仅不能达到应酬的目的，还很可能适得其反。

言多出大祸

少说话，是一种谨慎的人生态度，避免稍不留神就说错了话，使所说的话被人误解，引起不必要的麻烦，对自己不利。

苏东坡不仅才华横溢，而且为人正直，敢于批评时政的弊病，因而使人侧目。不喜欢他的人总想找他的岔子整治他，有一次御史台的官僚们拿苏东坡的诗作文章，断章取义，无限上纲地分析，硬说他讽刺朝廷，诬蔑皇上，把他从湖州刺史任上抓来，下在大牢里，几乎杀头。

经他的弟弟子由和许多好友大力营救，才保住了性命，后被贬到黄州受管治。但迫害并没有到此结束，以后他继续受到多次打击，新账旧账一起算，越算越多，被贬谪去的地方也越来越远。

最后竟贬到荒僻遥远的海南岛。长期的磨难使他认识到朝廷里派系复杂、斗争激烈的严酷现实。他在著名的《水调歌头》一词里，曾很有深意地慨叹："我欲乘风归去，又恐琼楼玉宇，高处不胜寒。"以后人们常用："高处不胜寒"来形容高层政界里的不易立足。

言多必有失，说话一定要重视慎言的重要性。言之无慎，毋宁莫说；言之有慎，多多益善。

能言善辩不是强词夺理

我们说某某人会说话，某某人口才好，更多的是指一个人说话有说服力，能够抓住问题的关键并恰当地表达出来。相反，有些人说话滔滔不绝，但是言之无物或强词夺理，那只能用胡说八道而不是能言善辩来形容。

历史上和现实中许多能说会道的名人，在辩论失利时仍死守自己的城堡，因而惨败的情形不乏其例。比如 1976 年 10 月 6 日，在美国福特总统和卡特共同参加的、为总统选举而举办的第一次辩论上，福特对《纽约日报》记者马克斯·佛朗肯关于波兰问题的质问，做了"波兰并未受苏联控制"的回答，并说"苏联强权控制东欧的事实并不存在"。这一发言属明显的失误，当时遭到记者立即反驳。但反驳之初佛朗肯的语气还比较委婉，意图给福特以订正的机会。他说："问这一件事我觉得不好意思，但是您的意思难道在肯定苏联没有把东欧化为其附庸国？也就是说，苏联没有凭军事力量压制东欧各国！"

福特如果当时明智，就应该承认自己失言并偃旗息鼓，然而他觉得身为一国总统，面对着全国的电视观众认输，绝非善策，于是继续坚持，一错再错，结果为那次即将到手的选举付出了沉重的代价。刊登这次电视辩论会的所有专栏、社论都纷纷对福特的失策做了报道，他们惊问："他是真正的傻瓜呢还是像只驴子一样的顽固不化？"

卡特也乘机把这个问题再三提出，闹得天翻地覆。

高明的论辩家在被对方击中要害时决不强词夺理，他们或点头微笑，或轻轻鼓掌。如此一来，观众或听众弄不清他们葫芦里藏的什么药。有的理解为这是他们服从真理的良好风范，有的则理解为这是他们不屑辩解的豁达胸怀。而究竟他们认输与否尚是个未知之谜，这样的辩论家即使要说也能说得很巧，他们会向对方笑道："你讲得好极了！"

　　能言善辩的人让人敬服，强词夺理的人只会遭人鄙视。日常生活中我们一定要谨记：能说不是多说更不是强说。如果说说话能改变结果，那么能言善辩和强词夺理则会导致两种相反的结果。

用最简单的语言把意思表达到位

　　场面上对方对你还有一定距离感的时候，要想让人家心甘情愿地为你办事，一味靠夸夸其谈不一定能解决问题，重要的是摸清对方底细，对症下药。话不必多，一定要说到点子上。

　　王立和张民是某单位的两个专职司机。前不久，单位精简人员，两个人必须有一人下岗。于是，单位搞了一个竞争上岗，让两个人分别谈自己对将来工作的想法。

　　王立第一个上场，开始自己的演讲。他说如果自己将来能开车，一定会把车收拾得非常干净利索，遵守交通规则，而且保证领导的安全，同时要做到省油，不给单位增加负担等。王立滔滔不绝地讲了半个多小时，终于讲完了。

　　轮到张民上场了，他只讲了不到 3 分钟，就下来了。他说他过去遵守了三条原则，现在他仍遵守三条原则。如果能继续为单位开车，他还会遵守三条原则。这三条原则是：听得，说不得；吃得，喝不得；开得，使不得。

众领导一听，都称赞这个司机说得好！

张民说的好在什么地方呢？首先，听得，说不得。意思是说领导坐在车上研究一些工作，往往在没公布之前都是保密的。我只能听，不能说，不能泄密。第二，吃得，喝不得。因为工作原因，我经常要陪领导到这儿开个会，到那儿参加那个庆典，难免有这样那样的饭局。这时候，我该吃就吃，但绝对不喝酒，这叫保护领导的生命安全。头两条里，一是保守领导的机密，二是保护领导的生命安全。第三，开得，使不得。你别看我是开车的，但是只要领导不用的时候，我也决不为了一己私利而开公车，公私分明，不给领导脸上摸黑。

这样的司机，哪个领导不喜欢？

于是，张民留了下来。

显而易见，张民能够留下来，并不是靠自己开车的技术，而是靠良好的口才。正是贴切地揣摩了领导的要求，把话说到了点子上，使他获得了一个工作的机会。

好胳膊好腿儿，不如一张好嘴儿。无论在职场还是在商场，每一个环节都离不开一张巧嘴。尤其是在商场上，我们每进行一场交易，都少不了一番舌战。而那些胜出者，无不是口才出众、巧于言辞的人。

杰瑞是一个聪明幽默的警官，无论遇到什么难题，总能化"险"为夷。杰瑞为什么会顺利地解决棘手的问题呢？主要是他懂得人们的心理，把话说到点子上。

有一天，三位女士为了芝麻大的事情来到警察局。她们你一言我一语，谁也不肯让谁先说，叽里呱啦几乎把房顶掀翻。局长毫无办法，只得叫人把杰瑞请来。杰瑞来后，观察了一会儿，不紧不慢地说："我看你们的口才都不错，这样吧，请你们中间年纪最大的一位先说吧。"话音刚落，房间里顿时鸦雀无声。

当三位女士在争吵不休的时候，杰瑞的首要任务是让她们闭嘴。要

第十一章 繁话简说恰到好处

——说话啰唆招人烦

让女人闭嘴就要抓住女人的心理，女人最怕别人问她们的年纪。杰瑞正是把握了女人们的这一心理，她们谁也不愿意让人知道自己年纪最大。杰瑞这一问，让叽里呱啦争吵不休的女人们都不说话了，达到了解决问题的目的。

话不在多，而在于能否说到点子上。在关键时刻，简简单单的一句话，只要能说到点子上，就往往能起到四两拨千斤的奇效。

世界上，最会说话的人不是口若悬河、滔滔不绝的雄辩之士，而是那些言简意赅、恰如其分地阐述自己观点的人，"大辩若讷"就是这个道理。

真正会说话的人，懂得用最简单的语言把意思表达到位，知晓在最短的时间内把话说到点子上。在关键时刻、关键场合把话说到点子上是一个人成功与否的决定性因素之一，也是一个人成熟稳重的重要标志之一。

抓住问题关键，一语击中要害

对于那些善于操纵说服技巧的人不是与对方不停地周旋，而是抓住关键，一语中的。这一点如果你能发挥得淋漓尽致，就可以成大事。

汉代的一位开国元勋周勃，曾经帮助汉室铲除吕后爪牙，迎立汉文帝，有定国安邦的大功。可后来当他罢相回到自己的封地后，一些素来嫉恨周勃的奸伪小人便趁机向汉文帝诬告周勃图谋造反。汉文帝竟然也相信起来，急忙下令廷尉将周勃逮捕下狱，追查治罪。按汉代当时的法律，凡是图谋造反者，不但本人要处死，而且要灭家诛族。就在周勃大祸临头的时候，薄太后出来劝文帝说："皇上，周勃谋反的最佳时机是您还未即位而先皇留给您的皇帝玉玺在他手上，并且他还在统帅主力部队的时候，但是他一心忠于汉室，帮助汉室消灭了企图篡权的吕氏势力，把玉玺交给陛下。现在罢相回到自己的小封地里居住，怎么反而在这个时候想起谋反呢？"

听了这话，所有的疑虑，文帝都没了，并立即下令赦免了周勃。可以想象，倘若没有人在此大难临头的时候站出来为周勃辩白，讲明事实真相，分析入情入理，他能免去大难吗？

汉代著名丞相萧何，有一次向汉高祖刘邦请求将上林苑中的大片空地让给老百姓耕种。上林苑是一处为皇帝游玩嬉戏打猎消遣的大片园林，刘邦一听萧丞相居然要缩减自己的园林，不禁勃然大怒，认为萧何一定是接受了老百姓的大量钱财，才这样为他们说话办事的。于是萧何被捕入狱，同时被审查治罪。当时的法官廷尉为讨好皇上，只要皇上认定某人有罪，廷尉不惜用大刑使犯人服罪。就在这紧要关头，旁边的一位姓王的侍卫官上前劝告刘邦说："陛下是否还记得原来与项羽抗争以及后来铲除叛军的时候吗？那几年，皇上在外亲自带兵讨伐，只有丞相一个人驻守关中，关中的百姓非常拥戴丞相。假如丞相稍有利己之心，那么关中之地就不是陛下的了。您认为，丞相会在一个可谋大利而不谋的情况下，去贪百姓和商人的一点小利吗？"

简单几句话，句句击中要害。刘邦深有感触，终于认识到自己的鲁莽，对不起丞相的一片诚心，感到非常惭愧。于是当天便下令赦免萧何。

由此可见，言语的威力是何其大！

说话是有技巧的，不能攻击到对方的要害，就起不到什么作用。对于那些善于操纵说话技巧的人不是与对方不停地周旋，而是抓住问题关键，一语击中要害。这一点如果发挥得恰到好处，就可以帮助你成就大事。

沟通之道，贵在少说话

在办公室与其他成员和睦相处，特别要注重人与人之间的沟通。深晓沟通技巧的老手都懂得："沟通之道，贵在少说话。"

多听少说，做一位好听众，处处表现出聆听、愿意接纳对方的意见和想法的态度。这时候，你会慢慢发现对方也比较愿意接纳你，并且提供你所需要的答案和信息，甚至把他的真正想法告诉你，让你事事顺心如意。

一位成功的领导者必须经常花相当多的时间，和他的伙伴及上司做面对面的沟通。他最常运用到的两项能力：一是洗耳恭听，二是能说善道。

所谓洗耳恭听，指的就是倾听的能力，这是迈向沟通成功的第一步。至于能说善道，则是说服的能力。当别人来跟你做当面的沟通，或者你主动与别人进行面对面的交谈，争取伙伴支持你的计划并争取他们的通力合作时，你是否善于运用倾听与说服的艺术，来实现你的目的呢？在谈到这些原则、技巧之前，你不妨反复思考受人敬重的政治家丘吉尔的一句金玉良言："站起来发言需要勇气，而坐下来倾听，需要的也是勇气。"

改善倾听的技术，是沟通成功的出发点。

听是一种行为、一种生理反应，倾听则是一种艺术、一种心智和一种情绪的技巧。通过倾听，我们了解他人，甚至不需出声即可达到沟通目的。

听可以说是除了呼吸之外，我们最常做的事。然而，真正懂得倾听的人不到25%。而且，对我们真正关心的事，我们不是忘了，就是扭曲、误解了。

要有效倾听，你必须专心听并筛选重点，能解释其含义，便于你对它进行评价，然后适当回应。

（1）不要以自我为中心。自己是妨碍自己成为有效倾听者的最大障碍。因为你会不自觉地被自己的想法缠住，而漏失别人透露的语言和非语言信息。在良好的沟通要素中，话语占7%，音调占38%，而55%则完全是非言语的信号。

（2）选择性注意。有效地倾听，不是被动、照单全收，它应该是积极主动地倾听。如此你会更了解对话内容，更懂得欣赏对方，回答也更能切中要点。

（3）负责任。负责任的态度能增加你与他人对话成功的机会。参加任何会议前，都要妥善准备，准时出席，不要随意退席或离席，而且要集中注意力，不要心不在焉，不要坐立不安、抖动或看表。如果你能决定会议的场地，选一个不会被干扰、噪声少的地方。如果在你的办公室，走出有权威障碍、妨碍沟通的办公桌，站或坐在你谈话对象的身旁，会让对方觉得你真的有诚意听他们说话。

（4）不要有预设立场。如果你一开始就认定对方很无趣，你就会不断从对话中设法验证你的观点，结果你所听到的，都会是无趣的。

抱定高度期望会让对方努力表现出他良好的一面，你只要认真地关注与适当地发问，就可以帮助对方提升他的说话技巧。

多听少说，其目的是从对方的表述中听出言外之意，从而及时改变自己的策略。

一位生意兴隆的房地产经纪人认为，他成功的原因在于不但能细心聆听顾客讲的话，而且能听出没讲出来的话。他讲出一幢房屋的价格时，顾客说："哪怕琼楼玉宇也没有什么了不起。"可是说的声音有点犹豫，笑容也有点勉强，那经纪人便知道顾客心目中想买的房子和他所能买得起的显然有差距。

"在你决定之前，"经纪人练达地说，"不妨多看几幢房子。"结果皆大欢喜。那主顾买到了他能买得起的房子，生意成交。

即使听自己最喜爱的人说话，也容易只听到表面的含意，而忽略了话中有话。"你钱用光了？这是什么意思？全家的人只晓得拼命花钱！"这番气冲冲的抨击话可能与家庭的开支无关。真正的含意是什么？"我今天的工作已经把我折腾够了，我正想发脾气。"

要是你善解人意，便听得出这番气话隐藏着委屈和挫折。在较为心平气和时，只要稍微说一两句表示关心的话（"你看来很疲倦。""今天很辛苦吧？"）就可帮助一个满腹牢骚的人，以不伤感情的方式消气。

在工作中也经常会碰到类似的情况，如果你不认真倾听，而是急于发表意见，就可能让本来简单的事情变得糟糕起来。

少说话并非不说话，也不是要你有多么深的城府，而是要说该说的话，要把话说到点子上、要害处，这样才能少说错话、少做错事。

第十二章
是非曲直恰到好处
——背后说人让人忌恨

聪明的人一定要管好自己的嘴，闲谈莫论人非。你可以做个好的倾听者，但是如果你知道自己管不住自己的嘴，那么最好不要随便加入到闲谈中，以免殃及自身。

不乱说他人是非的人受欢迎

喜欢闲聊是人的天性，诸如衣服、品牌、化妆品、谁谈恋爱了、谁和男朋友分手了、谁和老板的关系可能不正常了、谁考试没过关了、谁给上司送礼了……不要以为你说了不会有人知道，不要以为身边的人都是朋友，可能你上午说完，下午别人就知道了，而你就在毫不知情中已把人得罪了。

曾经有位哲人说过这样一句话："坏人不讲义，蛮人不讲理，小人什么都不讲，只讲闲话。"闲话也有很多种，一种是依事据理、与人为善的说法；另一种是无中生有、搅乱是非的说法。

职场的人际关系复杂，谁都不敢保证自己哪句毫无恶意的话会被别人捕风捉影地到处传播出来，那样即使你有一百张嘴恐怕也说不清了——得罪了人不说，还有可能从此受到排挤。试想一下，你身边的人天天给你穿小鞋，有几个人能承受得住？

言多必失，古人的遗训想来是有道理的。尤其是喜欢在背后议论别人的人，总有一天你说的话会传到被谈论者的耳朵里——如果你们是朋友，那你将失去这个朋友；如果你们是同事，也许你将多一个职场敌人。

一个人在他人背后指指点点、说三道四，会在贬低对方的过程中破坏自己的良好形象，而受到旁人的抵触。

不要轻易地去议论别人，这样会降低你的人格魅力。从而给自己的人际关系带来不良影响。所以大家一定要以此为戒，管好自己的嘴巴，注意自己的形象。

长舌人无处不在

生活中我们常会碰到这样一种人：他们到处散布别人的流言蜚语，有时候可能是因为你得罪了他们，但有时候却是毫无理由地拿你练舌头。

谢冰为人善良，又十分要强。中专毕业后，她进了一家公司。一进公司，公司就组织她们新来的 29 个女同事进行培训。4 个月以后，只有谢冰一人分到科室工作，其他人全分到了车间。谢冰很高兴，在科室工作许多事要从头学起，她虚心向老同志请教，勤奋学习，细心观察别人对问题的处理方法。谢冰脑子比较灵，办事也有一定的能力，就在工作取得一定成绩的时候，她听到别人的议论，说她是靠不正当手段进科室的，说她与上司的关系不一般等闲话。谢冰的上司有能力，但名声的确不好，而且粗鲁，经常开过头的玩笑。谢冰对他也很看不惯，但毕竟是上司，又能怎么样？所以谢冰对他敬而远之。可是有些同事总是背后议论她的品行，他们这些无中生有的议论，使谢冰心理压力很大，她没有使用任何手段使自己分到科室工作，她自认为是凭自己的本事得到这一份工作的。可是"人言可畏"！自从听到传言之后，谢冰处处小心，常感到孤独、烦恼，工作积极性不高，精力很难集中起来，她该怎么办呢？

男女关系一向是长舌人最喜欢传播的小道消息之一。谢冰就成了被流言所伤的受害者。喜欢搬弄是非的人"嗅觉"敏锐，你工作出了点成绩、家庭出了点问题，甚至于多接几个电话都会成为他们的"材料"，更何况谢冰是如此突出地被分到科室呢？长舌人就是要用流言蜚语这把软刀子伤人，看着别人痛苦他才高兴，幸灾乐祸是人性中阴暗的一面。

对于流言，我们首先要提高认识，人与人之间产生一些误会，有一些流言是不奇怪的。特别是有些人，为了自己的利益，总想制造一些谣言来骚扰别人。如果你由此十分生气，甚至痛不欲生，那大可不必如此。

如果在事情发生以前，你有了充分的认识，那么在受到不公正待遇时就不会影响你的情绪和生活，同时也说明你是一个意志十分坚强、头脑十分清楚的人。要提高对流言蜚语的认识，与那些喜欢搬弄是非的同事坦然相处。

有时候有些流言不容我们坦然处之，那些搬弄是非者散布某些流言不仅仅是因为闲着无聊，而是有一定目的的。也正因为如此，我们对搬弄是非者应当区别对待，那就是要根据流言的性质和产生的影响程度，选择恰当的方法。

把"谣言"当成良言

谁都不喜欢别人在背地里批评自己，但俗话说得好："谁人背后不被说，谁人背后不说人。"虽然当面坦率地提出意见是最好的方法，但因为有很多人胆小怕事，过于老实，并不敢于直接说出自己的想法。

也有很多人顾虑重重，即使是出于好意的忠告，也会因为怕伤感情而不敢多说太多，尤其上司和下属间的关系更是如此。

这些人在离开公司到酒家、咖啡馆后，就开始对上司大肆批评，以发泄自己心中的不平。让人惊讶的是，这些话很快就会传到上司的耳中。

如果这时候他马上去追查造谣的人，或对自己被恶意中伤愤恨不平的话，那么未免也太感情用事了。因为往往谣言在传到当事者耳中之前，都已经遭到扭曲，有时无辜的人也会遭到牵累。不过"谣言"的内容，通常是一针见血地说中了当事者的要害。例如，待人亲切的人，有时会让人觉得"爱管闲事"、"爱唠叨"；而做事干脆的人，则被认为是"刚愎自用"、"冷血动物"。

通常"造谣"的人多半是胆小、个性内向的人，因为他们不敢和当事者恶言相向，所以只好在背地里放冷箭。

虽然"谣言"很可怕，但它却是一个能让自己知道缺点的方法，因为它毕竟代表了一部分人的想法。

我们可以从镜子中看到自己的身材、表情，而"谣言"却是一面让我们发现自己的缺点、了解自己个性的"心镜"。

宁在人前骂人，不在人后说人

俗话说隔墙有耳，好话不出门，坏话传千里，所以要做到"宁在人前骂人，不在人后说人"。别人有缺点、有不足之处，你可以当面指出，劝他改正，但是千万别当面不说，背后说个没完。

有一句话叫做："谁人背后无人说，谁人背后不说人。"这话虽然说得有些绝对，却也说明了一个道理，那就是，大多数人都多多少少地在背后说过别人。不过有一点，经常在背后说别人坏话的人，肯定不会是受欢迎的人。因为凡是有点头脑的人，都会自然而然地这么想："这次你在我面前说别人的坏话，下次你就有可能在别人面前说我的坏话。"这样一来，说人坏话者在别人的印象中就不可能好到哪里去。

在日常应酬中，常常会遇到别人在你面前说另一个人的坏话，对此，你应该端正态度，用辩证的思维去考虑这种事。因为说对方坏话的人，总是有着各种各样的原因，充分地分析讲话者的心理及原因，对做到完善自身大有益处。

有两个朋友因为一个女人互相之间闹得很不愉快，两个人虽然平时见面还都装着一副无所谓的样子，但是一旦分开，就会对对方发起"攻击"，将对方的"坏"处添油加醋地讲出来。身为朋友，你当然成了他们双方发泄对对方不满的汇集点。当甲对你说乙的坏话时，你应尽可能地保持沉默，在适当的时候加进一两句劝导的话，不对乙加任何评语；当乙对你说甲的坏话时你也同样不要对甲加任何评语，在适当的时候对乙劝导几句。所有的话，无论是甲说的还是乙说的，都让它们到你这里截止，再不外传。一段时间过后，当甲、乙二人都冷静下来时，回想起他们在你面前所说的那些话，他们肯定自己都觉得不好意思。这样处理，就不会使他们之间的矛盾进一步激化，好朋友终究还是好朋友。

如果换一种情形，你对他们一意奉承，在甲面前附和着说乙不好，在乙面前附和着说甲坏话，那么结果可想而知。

从这件事中，可以得到一个经验，那就是当别人对你说第三者的坏话时，无论你是否明白其中的原因，你都必须保证做到一点，那就是"入耳封存"。同时还得充分了解对方，如果发现对方是无缘无故，只是天生有背后说第三者坏话的习惯，那么你就得注意，在以后的应酬中要有意识地疏远他。

如果别人有什么缺点，你可以寻找适当的机会当面向他提出，或者容而忍之、视而不见。背后议论别人的方法绝不可取。

背后莫论人短长

在工作中，很容易碰到爱在背后议论别人是非的人，这种人几乎每个单位都有，发表言论不找当事人，甚至也不在公开的场合，而是躲在背后议论纷纷。

喜欢在背后议论别人是非的人，往往没有什么好下场。在背后议论人，自然会得罪当事人，时间长了，你就成了"万人嫌"。同事们都生怕成为你议论的对象而对你敬而远之，领导更害怕成为你议论的对象而将你打入"冷宫"，你在单位里自然不会有好的发展。

一个人在工作中，无论跟领导还是同事，都难免就某一件事产生意见分歧，甚至导致很深的矛盾。如果你想澄清自己的意见，表明自己的观点，就应该找当事人当面探讨，切忌当面不说，背后乱说。即使你的意见是正确的，甚至你被冤枉了，如果你选择了"在背后议论别人是非"这种小人行为，就等于自己认输，而且也不值得同情，这正是所谓的"失道寡助"。

有意见，当面提，即使不能消除分歧，或者改变既成事实，但你让对方感受到了你的力量，这样会提醒他以后注意考虑你的意见，照顾你的利益。而且，有意见当面澄清，是一种光明正大的行为，会防止彼此产生过节。如果你躲在背后议论对方，发泄不满，即使彼此没有隔阂也会产生隔阂，甚至会激化矛盾。对方一旦与你为敌，这本"陈年老账"随时会被翻出来，变换成合理的借口，制约你的职场发展。

有些员工，可能出于一箭双雕的目的，喜好单独找领导指责别人，好像这样既向领导表示了忠诚，又打击了同事。比如："娟子昨天又偷拿了一叠复印纸，我都提醒她好几次了，她还是屡教不改。""我真担心这个企划案不能按时完成。小赵负责的那组调查数据，拖了好几天了还没搞定。"在这些人眼里，别人怎么也有毛病，似乎只有他是完美的；别人似乎都是领导的敌人，只有他是领导的心腹。当然，这些人这么做的最终目的是为了取悦领导，获得上司的重用。

精明的领导一般是不会吃这一套的。如果他重用你，你会不会用同样的手段来对付他？也就是单独跑到他的领导那里去指责他？这种可能性是非常大的。所以，精明的领导可能暂时利用你驾驭你的同事，而不会重用你。如果你老是喋喋不休地在他面前指责别人，可能会让他感到潜在的威胁，找个理由就把你打发掉了。

苏宁是公司宣传部的元老了，她经常一个人跑到部门经理那里指责同事。经理一般是笑眯眯地倾听，她以为自己获得了经理的赏识。

公司根据发展需要，为了开发一项新业务，单独成立了一个办公室，人员从各部门抽调。苏宁接到调令后，急忙找部门经理。她不想离开宣传部，因为她的职位是个肥差，况且那项新业务现在看起来还不明朗。

经理笑眯眯地说："公司抽调你是经过慎重考虑的。你是公司的老员工了，经验丰富，那可是非常重要的工作，一般人不能胜任。再说，现在调令已经下了，不可能更改了。"

苏宁又去找老板，得到了同经理一样的答复，她只好服从公司的安排。

她哪里知道，自从她去经理办公室告同事的刁状，经理就一直想找机会调开她了。

背后议论别人的是非，自然希望自己不被暴露，别让当事人知道，这就期望参与议论的人为自己保密。事实上，这几乎是不可能的。常言道："没有不透风的墙。""要想人不知，除非己莫为。"就是最有力的证明。

有人曾做过一个实验，故意在办公室里放出风声，告诉了身边同事一条无关紧要的花边新闻，并叮嘱同事不要讲出去，结果这条新闻很快通过别人传了回来。

要想自己背后议论别人的事不被传出去，最有效的防范措施就是别在背后议论别人。

午休时间就快要到了，科长又出去参加业界的聚会。大概就是这个缘故吧，办公室内一派闲散的样子，几位同事也在一起东家长西家短地闲谈，不知不觉间就开始说到科长身上了。

李君做事认真，个性又开朗，在办公室里人缘很好，只是有点冒冒失失，喜欢一高兴就恶作剧一番。

不例外地，当他听到大家都在说科长的坏话时，便趁机起哄：

"我也这样认为，科长实在是一位老古板，动不动就要拿伦理道德、礼仪规范来说教，他根本就不知道现在是流行新潮的时代……"

大家怎么突然都变得正经八百，规规矩矩的呢？

当李君发觉情形不对时，已经大事不妙了，原来科长已站在自己的后面。

"怎么，我又哪里不好了吗？"

科长当场就冲着李君丢下这么一句火药味极重的话，糟了，李君这下子万事休矣！

在会话礼节中，最忌讳的是背后说人坏话。可是大家大概都不否认，能肆无忌惮地批评别人，是很令人感到愉快的。人都有劣根性，明知说人坏话是最要忌讳的事，可是却总忍不住要说上几句。

既然如此，明知偶尔免不了要对别人说长论短，那何不在说法上多注意点呢？至少要先弄清楚说话的场合和坏话的程度。

如果是充满个人憎恶情绪的坏话，听的人可能会有"这说得太过分了"的感觉。

像这样就已超过限度，说者不但会不愉快，反而会因情绪过于激动而造成相反效果。李君的情形不算是说得过分，问题在说话的地点不对。

像上述的例子，尽管上司不在，但在办公室内说总是不好。另外像公司同事常去的餐馆或咖啡厅，也都不是谈论同事长短的地方。

可是，李君也不见得这样就万事休矣！因为平时科长对他还很满意，至少他可以利用这点来挽回面子。

在这种情况下，无理地强辩只会把气氛越弄越糟，最好的方法还是赶快低下头道歉！

通常一位通情达理的上司看到下属诚心认错时，应该都会既往不咎的，至少也不会让属下难堪或下不了台。

科长听到李君的道歉后，反而莫名其妙似的说："这又是怎么一回事呢？"

既然科长已经佯装不知了，李君这时就要心存感谢地在表面上唱和着说："还好刚才的话没有被科长听到，真是谢天谢地！"

换句话说，就是彼此都装糊涂，这样才能化解尴尬的气氛。

可是事后，必须谨记这个科长明明听到却放自己一马的恩惠，在往后的工作上好好地表现以作回报。

俗话说：若要人不知，除非己莫为。说别人的坏话，迟早都会传到别人的耳朵里面去，结果必将引来仇恨和报复。当你多说别人的好话时，不管是当面说的，还是背后说的，最后也都会传到别人那里去。而且，在背后多说人好话，比当面直接说的效果往往更好，这些好话也必将使你大大获益。

坏话也要学会好说

难说的话不说是不行的，关键是委婉、诚恳，尽量减轻对属下的打击。同时，这些难说的话一定要当面说，千万不要委托别人传达或在背后议论。

有些时候，有些话虽然并不过分，也并没有什么不正当的意图，但当上级的还是很难出口。比方说，告诉下级被降职了、被解雇了；下级辛辛苦苦拟好的计划书，被否决了；下级提出了一个很好的建议，而由于上级疏忽大意或工作过于繁忙忘记审阅了，等等。

具体而言，当变更计划时，首先要考虑的问题是：要更改已经通过的计划，该如何向下级说明？

此时，万万不能对下级说："不关我的事，都是经理一人说了算，我也没办法！"

这样把责任转嫁给上级，自己暂时没有问题了，但部下会对经理产生怨气。或者，一旦下级明白你是在推卸责任，肯定会对你产生极大的反感，你自己的威信也肯定会降低。

也不应该为了防止下级反对，而用高压手段制止对方开口。这样做会使下级心里留下疙瘩，对上级不满，也会对工作不满，这是最不明智、最不可取的做法。正确的方法应情理兼顾，善意地说服他，才能使下级真正地心服口服，不会丧失工作的积极性。

有时候，上级接受了下级的提案，并且满口答应"看一看"，而过了一段时间后，还没有看。下级希望得到一个完满的答复，问上级："那个提案，您看过了吗？现在办得怎么样了？"

在这种情况下，应该直率地说："我现在很忙，实在没有时间细看。不过一周之内一定会给你一个满意的答复！"

此后，最好在约定时间之前，主动由上级答复下级，下级一定会被上级主动的热情所感动的。尤其是如果答复是否定的，与其让下级追问理由，不如由上级主动加以说明，表示上级的确认真对待他的提案，是有诚意的，而不是草草应付了事。

如果提案需递交给更高一级的上级，而上一级的上级态度不明确，以至于没有确定结论时，此时上级最好能说明立场，表示自己已经递交给了上级，却久久没有回音。不得已催促上级时，所得答复却是否定的，这时要向下级详细说明，千万不能敷衍。

有时候，公司人事调动，下级被降职，或是调到分店，或是被打入"冷宫"，委派他去干一些鸡毛蒜皮的事，总之不再受到上级的重视。

上级这时有责任当面通知他，并且要耐心安抚，尽量使他能保持积极愉快的心情前往新岗位就任。

不要等事情成了定局，再吞吞吐吐透露出要调他走的意思，使下级误会是你想把他赶走，造成心理上的不平衡。

加利福尼亚的一家工厂的老板，在讲到他所知道的一个讲话极讲究策略的人的时候，是这样说的："他就是在我第一次有职业后把我解雇的那个老板。他把我叫了进去，对我说：'年轻人，要是没有您，我不知道我们以后会怎么样，可是，从下星期一起，我们打算这样来试一试了。'"

请千万记住不要用伤感情的字眼。下级被降职，心里本来就非常不痛快了，上级再用词不当，甚至恶意地嘲讽对方，无异于是给下级满腔怒火再浇上一盆油，顷刻就会爆发出来，造成难以想象的后果。

美国心理学家威廉·詹姆斯说过："人性最深刻的原则就是希望得到别人的赏识。"为了我们与他人的关系更加良好，请多用赏识吧！请学会坏话好说，狠话柔说。

巧妙对付别人的诬陷

在日常生活中，我们会经常遇到被别人诬陷的时候。那些"长舌妇"可能是漫天胡说，但就是会有人相信。这样，无形中你就背上了黑锅。黑锅是没有人愿意背的，但有时候有些黑锅是别人强加给我们的，我们却也不得不背，比如说为了维护上司的威信，或是为了维护比名誉更重要的事情的时候。

上司的"威信"，说到底是由自己树立并维护的。然而，下属有时对上司树立并维护威信起到极其重要的作用。有的上司想不到的，下属就要替上司想到；上司做不到的，也要替上司做到。上司一旦发现你的良苦用心，定会感激涕零。

一天，某市劳动局秘书科的赵科长正在办公室批阅文件。这时，本单位一位以爱告状闻名的退休干部李某走了进来，说是要找局长。

赵科长先热情地招呼他坐下，然后敲开了局长办公室的门，请示局长如何处理。局长此时正忙于局里的业务，不想见李某，就非常干脆地对赵科长说："告诉他我不在。"

赵科长回到自己办公室，对李某说："局长不在办公室，你先回去，有什么事我可以代你转告。"既然这样，李某也无话可说，悻悻地离开了秘书科。

大约过了半个多小时，赵科长起身去档案室，来到走廊，不想竟看到局长与李某在卫生间门口握手寒暄，并听到李某说："刚才赵科长说你不在办公室！""哪里，我一直在啊！"局长不假思索地回道。赵科长顿觉浑身一阵冰凉。原来，李某离开秘书科后并未回家，而是极不甘心地在走廊内来回走动，刚巧碰到局长上卫生间，急忙抢上前去打招呼，这才有了刚才那一幕。

事后，李某逢人就散布赵科长不地道，品质太差，欺上瞒下。赵科长有口难辩，刚开始感到很委屈，后来一想，当领导的这样做也是出于无奈，当秘书的应宽容上司，注意维护领导的形象，否则将给工作造成不良影响。所以，他从不对人解释此事，听到议论，也一笑置之。

下属根据上司的意图，以各种方式回绝来访，也是工作需要。赵科长尊重领导的意图处理此事无可厚非，尤其难能可贵的是，他在遭人误解时，也能从大局出发，坦然处之。

另外一种情况就是，如果背上黑锅只会损害你的声誉，但却可以挽救对方时，你就吞下这口冤枉气吧！反正事情总会有真相大白的一天，到时候你的雅量，会为你换来别人更多的尊敬！

日本的白隐禅师，是位品德高尚的修行者，受到乡里居民的称颂，都认为他是个可敬的圣者。

有一对夫妇，在白隐禅师的住处附近开了一家食品店，家里有一个漂亮的女儿。不料，有一天，夫妇俩忽然发现女儿的肚子无缘无故地大了起来。

这种见不得人的事，使得她的父母震怒异常！好端端的黄花闺女，竟做出如此不可告人的事。在父母的逼问下，她起初不肯招认那个人是谁，但经过一再苦逼之后，她终于吞吞吐吐地说出"白隐"两字。

她的父母怒不可遏地去找白隐理论，但这位大师不置可否，沉默不语。

孩子生下来后，就被送给白隐。此时，他的名誉虽已扫地，但他并不以为然，只是非常细心地照顾孩子——他向邻居乞求婴儿所需的奶水和其他用品，虽不免横遭白眼或是冷嘲热讽，但他总是处之泰然。

事隔一年后，这位没有结婚的妈妈，终于不忍心再欺瞒下去了。她老老实实地向父母吐露真情：孩子的生父是在鱼市工作的一名青年。

她的父母立即将她带到白隐那里，向他道歉，请他原谅，并将孩子带回。

白隐仍然是处之泰然，他没有表示，也没有乘机教训他们，仿佛不曾发生过什么事。

白隐这一德行，赢得了人们更多、更久的称颂。

白隐禅师背上黑锅，却救了那个女孩，有人可能会觉得白隐太傻了，这种吃亏的事儿都肯做。但是仔细想一想，名誉和生命到底哪个更重要一些呢？恐怕还是生命更宝贵吧！

当听说有人在背后说你坏话时保持沉默，实在是一件很困难的事，但权衡一下当时的情况，可能沉默地背起这个黑锅是你唯一的选择。背起黑锅，你会牺牲很多，但你也会因此得到更多！

第十三章

拒绝他人恰到好处
——该说"不"时莫迟疑

会说话的人能够把握好说"不"的分寸和拒绝的尺度，哪个成功者不是知轻重、懂分寸、明尺度的人呢？反之，他们曾经跌过的跟斗、吃过的苦头、多走的弯路，很多都是由于自己的金口难开，不懂把握说"不"的分寸和拒绝的尺度。该说"不"时就说"不"，才不会被"不"所谋。通常所说的"掌握火候"、"划清界限"、"矫枉过正"、"过犹不及"、"欲速则不达"等等都是对说"不"的分寸和拒绝尺度的评述。

拒绝他人的理由要恰当得体

任何人都有得到别人理解与帮助的需要，任何人也都常常会收到来自别人的请求和希望，可是，在现实生活中，谁也无法做到有求必应，所以，掌握好说"不"的分寸和技巧就显得很有必要。

要拒绝、制止或反对对方的某些要求、行为时，你可以利用那个人的原因作为借口，避免与对方直接对立。比如，你的同事向你推销一套家具，而你却并不需要，这时候，你可以对对方说："这样的家具确实比较便宜，只是我也弄不清楚究竟怎样的家具更适合现代家庭，据说有些人对家具的要求是比较复杂的，我的信息也太缺乏了。"

在这种情况下，同事只好带着莫名其妙或似懂非懂的表情离去，因为他们听出了"不买"的意思，想要继续说服你什么"更适合现代的家庭"，却是一个十分笼统而模糊的概念，这样，即使同事想组织"第二次进攻"，也因为找不到明确的目标而只好作罢。

当别人有求于你的时候，很可能是在万不得已的情况下才来请你帮忙的，其心情多半是既无奈而又感到不好意思。所以，先不要急着拒绝对方，而应该尊重对方的愿望，从头到尾认真听完对方的请求，先说一些关心、同情的话，然后再讲清实际情况，说明无法接受要求的理由。由于先说了一些让人听了产生共鸣的话，对方才能相信你所陈述的情况是真实的，相信你的拒绝是出于无奈，因而也能够理解你的。

例如有个朋友想请长假外出经商，来找某医生想让对方出具一份假的肝炎病历和报告单。对此作假行为医院早已多次明令禁止，一经查实要严肃处理。于是该医生就婉转地把他的难处讲给朋友听，最后朋友说："我一时没想那么多，经你这么一说，我也觉得这个办法不行。"

这样的拒绝，既不会影响朋友间的感情，又能体现出你的善意和坦诚。

拒绝对方，你还可以幽默轻松、委婉含蓄地表明自己的立场，那样既可以达到拒绝的目的，又可以使双方摆脱尴尬处境，活跃融洽气氛。

美国总统富兰克林·罗斯福在就任总统之前，曾在海军部担任要职。有一次，他的一位好朋友向他打听在加勒比海一个小岛上建立潜艇基地的计划。罗斯福神秘地向四周看了看，压低声音问道："你能保密吗？""当然能。""那么，"罗斯福微笑地看着他，"我也能。"

富兰克林·罗斯福用轻松幽默的语言委婉含蓄地拒绝了对方，在朋友面前既坚持了不能泄露的原则立场，又没有使朋友陷入难堪，取得了极好的语言交际效果。以至于在罗斯福去世后多年，这位朋友还能愉快地谈及这段总统轶事。相反，如果罗斯福表情严肃、义正辞严地加以拒绝，甚至心怀疑虑，认真盘问对方为什么打听这个、有什么目的、受谁指使，岂不是小题大做，有煞风景，其结果必然是两人之间的友情出现裂痕甚至危机。

委婉的拒绝能让对方知难而退。例如，有人想让庄子去做官，庄子并未直接拒绝，而是打了一个比方，说："你看到太庙里被当做供品的牛马了吗？当它尚未被宰杀时，披着华丽的布料，吃着最好的饲料，的确风光，但一到了太庙，被宰杀成为牺牲品，再想自由自在地生活着，可能吗？"庄子虽没有正面回答，但这个很贴切的比喻已经回答了对方，让他去做官是不可能的，对方自然也就不再坚持了。

拒绝别人的方式有很多种，你可以给自己找个漂亮的借口，或者运用缓兵之计，当着对方的面暂时不做答复。或者用一种模糊笼统的方式让对方从中感受到你对他的请求不感兴趣，从而收到巧妙的拒绝效果。

第十二章

拒绝他人恰到好处
——该说『不』时莫迟疑

会拒绝是社交语言技巧成熟的标志

在社交活动中，常会发生这样的情况：当别人有求于你，而你出于各种原因，不能接受，又不好直说"不行"、"办不到"，怕伤害对方的自尊心；当对方提出一些看法，你不同意，既不想讲违心之言，又不好直接顶撞对方；当你看不惯对方的行为，既想透露内心的真实想法，又不愿表达得太直露，以免刺激对方。

为很好地应付上述各种情况，你就要学会拒绝，根据不同的情境巧妙地说"不"，让"不"有一副可亲的面孔。这种拒绝要讲究艺术方法：

（1）彬彬有礼法

当别人邀请你出门，而你又不愿去时，可以彬彬有礼地说："我很感谢您的盛情。不过已经有人约了我，所以我今天就没有福气享受您的美意了。"

（2）不说理由法

在有些场合对某些人说明拒绝的理由，有可能会节外生枝，事与愿违。为减少麻烦，可以不说理由。如遇到曾经借钱不还的人又来向你借钱，你就可以明确表态："实在对不起，我恐怕帮不上您这个忙。"如果他继续纠缠，就再重复一遍，他就会知难而退。

（3）答非所问法

把对方提出的问题，用与之不相符的内容来回答。比如一外国人来访时问周总理："中国的银行共发行了多少人民币？"对这一保密数字，自然不能轻易回答，于是周总理幽默地说："一共十八元八角八分。"对方先是不解，经周总理一解释，不禁佩服周总理的智慧。原来，当时我国发行的人民币面值分别有拾元、伍元、贰元、壹元、伍角、贰角、壹角、伍分、贰分、壹分，加在一起不就是这个数吗？

（4）妥协应付法

当别人提的要求使你心有余而力不足时，可以妥协应付说："这事不久以后就能解决。""您的病慢慢会好的。"

委婉拒绝的方法远不止上面这几种，你尽可以采用各种各样的方法，只是一定要记住，无论用哪种方法，都要以不损伤他人的自尊心为原则。

人都是有自尊心的，一个人有求于别人时，往往都带着惴惴不安的心理，如果一开口就说"不行"，势必会伤害对方的自尊心，引起对方强烈的反感，而如果话语中让他感觉到"不"的意思，从而委婉地拒绝对方，就能够收到良好的效果。

多一事不如少一事

在交际中你必须知道：当亲友或上司委托你做某事时，请你一定不要不假思索地满口应承，能推就推。就算感到抹不开面子，至少也要冷静 1 分钟，在大脑中转一个圈子，考虑这件事自己能不能办得到，办得好。把自己的能力与事情的难易程度以及客观条件是否具备结合起来统筹考虑，然后再做决定。

如果为了一时的情面接受自己根本无法做到或无法做好的事情，一旦失败了，同事、亲友、上司就不会考虑到你当初的热忱，只会以这次失败的结果来评价你。

某教师分到某中学工作，市教委向该校抽人，对全市的中学实地考察，并写出调查报告。因某教师还没有安排授课，就抽调了他。起初，他感觉为难，自己刚刚走出校门，不仅对本市教学情况不熟悉，就是对教育工作本身，又能知道多少呢？本不想参加，无奈校长已经开口，实在不好拒绝，只好勉强服从。

一个半月过去了，别人都按分工交了调查报告，唯有他一个，由于不谙世故，又缺乏经验，对自己分工调查的三个中学连情况都没摸准，更不用说分析了。市教委主任很恼火，责备校长，怎么推荐这么一个人。某教师面子受不了，又是气又是羞愧，一下子病倒了，在床上躺了两个多星期。

这位教师由于当初不好意思拒绝，最终面子难保，身心都受到了伤害。这对他是个值得吸取的教训。

如果你认为这是上级拜托你的事不好拒绝，或者害怕因拒绝会引起上司不高兴而接受下来，那么，此后你的处境就会更艰难。所以，无论做什么，都要量体裁衣，自己感到难以做到的事，要勇敢地鼓起勇气，说声："对不起，我实在无能为力，您是否可以另找别人？"或者"实在抱歉，我水平有限，只能让您失望了。我想，如果我硬撑着答应，将来误了事，那才对不起您呢！"否则，将来丢脸的肯定是你。

在这个世界上，我们毕竟不能独来独往，做自己的事情时，有时要涉及到别人的利益。因此，我们在人际交往的过程中，必须全盘衡量，把握分寸，协调好各方面的利害关系。

有些事情，不该做时就不能做，一旦做了，可能就违法、违情、违理，使自己或别人遭受名誉、经济或地位的损害。当有人托你办风险很大的事时，你也绝不能贪图一时之利，而不负责任地答应他，纵容他，一定要慎重考虑可能引起的后果。如果有人想整治别人，编造假的事实，求你出面作伪证，或者有人想让你同他一起干违法乱纪的勾当，如果你不想与其同流合污，就应有勇气拒绝这类对自己不利的要求。

另外，有人请你代其完成工作时，如你的同事把自己分内的工作往你身上推，此类情况，都应拒绝。因为，形形色色的人们在社会舞台上都扮演了不同的角色，每一个人都有自己的责任和义务，既然承担了某种社会责任或契约，就应该践约。

的确，拒绝别人的要求是件不容易的事，大家都有体会。而当别人央求你，你又不得不拒绝的话，更是叫人头痛，因为每个人都有自尊心，希望得到别人的重视，同时也不希望别人不愉快，因而，也就难以说出拒绝之话了。

不过，当你经过深思熟虑，知道答应对方的要求将会给你或他带来伤害时，那么，就应该拒绝，而不要为了面子问题，作出违心的事来，结果对双方都无好处。

在与人交往的活动中，有时难免要办一些为难之事：办不是，不办也不是。聪明人的做法是推一推，拖一拖。虽然也会惹人不高兴，但毕竟只是不高兴而已。

拒绝别人需要讲究策略

有一个乐师，被熟人邀请到某夜总会乐队工作。乐师嫌薪水低，打算立即拒绝，但想起以往受过对方照顾，又不便断然拒绝。他心生一计，先说些笑话，然后一本正经地说："如果能使夜总会生意兴隆，即使奉献生命，在下也在所不辞。"

此时夜总会老板自然还是一副笑脸，乐师抓住机会立刻板起面孔说："你觉得什么地方好笑？我知道你笑我，你看扁我，不尊重我，这次协议不用再提，再见！"

这样，乐师假装生气，转身便走，老板却不知该如何待他，虽生悔意，但为时已晚。

因此，面对不喜欢的对象，要出其不意地敲他一下，以便打退对方。若缺乏机会，不妨参照上例，制造机会，先使对方兴高采烈，然后趁对方缺乏心理准备，脸上仍在笑嘻嘻时，找到借口及时退出，达到拒绝的目的。

一位名叫金六郎的青年去拜访本田宗一郎，想将一块地产卖给他。

本田宗一郎很认真地听着金六郎的讲话，只是暂时没有发言。

本田宗一郎听完金六郎的陈述后，并没有作出"买"或者"不买"的直接回答，而是在桌子上拿起一些类似纤维的东西给金六郎看，并说："你知道这是什么东西吗?"

"不知道。"金六郎回答。

"这是一种新发现的材料，我想用它来做本田宗一郎汽车的外壳。"本田宗一郎详详细细地向金六郎讲述了一遍。

本田宗一郎共讲了 15 分钟之多。谈论了这种新型汽车制造材料的来历和好处，又诚诚恳恳地讲了他明年的汽车制造拟采取何种新的计划。这些内容使得金六郎摸不着头脑，但感到十分愉快。本田宗一郎送走金六郎时，才顺便说了一句，他不想买他的那块地。

如果本田宗一郎一开始就将自己的想法告诉金六郎，金六郎一定会问个究竟，并想方设法劝说本田宗一郎，让他买下这块地。本田宗一郎不直接言明的理由正是如此，他不想与金六郎为此争辩什么。

拒绝对方的提议时，最好采用毫不触及话题具体内容的抽象说法。

日本成功学大师多湖辉说的这个故事发生在 20 世纪 60 年代末的学运中。某大学的教室里正在上课时，一群学运积极分子闯了进来，使上课的教授先生手足无措。当着班上学生的面，教授想显示一点宽容和善解人意的风度，就决定先听一下学生讲些什么之后再去说服他们。

结果与他的善良想法完全相反，学生们乘势向他提出许许多多的问题，把课堂搅得一团糟，再也上不成课了。并且这之后只要他上课就有激进派的学生出现在课堂上，就这样持续了一年。

从这一教训中，教授悟到一条法则，即若无意接受对方，最好别想去说服他，对方一开口就应该阻止他："你们这是妨碍教学，赶快从教室里出去，与课堂无关的事，让我们课后再说！"

假如再发生一次同样的事，教授先生能否应付？就算他显示出了拒绝的态度，学生也会毫不理会地攻击他吧！如果一点也不去听学生的质问，一开始就刹住话头，至少不会给对方以可乘之机，也不至于弄得一年时间都上不好课！

对于他人的话，人们总是会表现出情感反应。如果先说让人高兴的话，即使马上接着说些使人生气的话，对方也能以欣然的表情继续听。利用这种方法，可以击退不喜欢的对象。

拒绝可以避实就虚

在交际活动中，有的人为了使别人对自己有个好印象，或为了保全自己的面子，或为给对方一个台阶，往往对对方提出的一些要求不加分析地接受，结果弄得自己很难受，这就是没有掌握交际沟通中"虚交法"的基本技巧。

当然，这也并不是一味反对帮助人，只是说不要对人家的一切要求都毫无条件地答应。首先，自己必须得考虑对方提出的要求是否合理，是否影响到自己的利益，即使对方提出的要求合情合理，但如果影响到自己的利益，也不能答应。如果对方的要求既不合理，又影响到自己的利益，那无论是多么亲密的朋友也不能答应，因为你的答应是以损害自己的利益为前提的。

不过，话说回来，朋友之间这样的要求是极少的。那么，对方提出的合理合法的要求你是否一定都得答应呢？并不见得，因为许多事并不是你想做就能做到的。有时受各种条件、能力的限制，一些事是很可能完不成的。因此当朋友提出托你办事的要求时，你首先得考虑，这事你是否有能力办成，如果办不成，你就得老老实实地说，我不行。这时，如果脸皮厚不下来，随便夸下海口或碍于情面不好意思拒绝都是非常有害的。我们知道，言而有信是做朋友的信条，也是友谊的基础。明明办不成的事却承诺下来，到时候不仅令人失望，还可能耽误朋友的事情。因为如果你办不成，他可能找别人办或另想其他的法子，但你答应了却没有办成，这样做，就会伤了情义。这就是脸皮儿薄的苦果。

如果你是一个聪明人的话，就不会有这种困难。因为当你仔细斟酌之后，知道答应对方的要求将会给自己带来伤害，肯定不会为了面子上过得去，而去干违心的事。在此，为你提供了一些既能拒绝对方不适宜的要求，又不致伤害对方自尊的有效方法：

（1）留有余地

对把握性不大的事可采取弹性的说法。如果你对情况把握不很大，就应把话说得灵活一点，使之有伸缩的余地。例如，使用"尽力而为"、"尽最大努力"、"尽可能"等有灵活性较大的字眼。这种方式能给自己留下一定的回旋余地，但一般会给对方留下疑虑，取得对方的信任的效果要差一些。

（2）从时间上推托

对时间跨度较大的事情，可采取延缓性的策略。

有些事情，当时的情况认准了，可是由于时间长了，情况就会发生变化。

魏晋时，天下多事，以致名士们也少有保全自己而不受损害的。阮籍是竹林七贤之一，他常常酗酒托志，拒不参加世事。

司马昭为收买名士，要阮籍把女儿嫁给自己的儿子。别人也许很可能想尝尝当国丈的滋味，但阮籍不想为了一时尊荣，留下千秋骂名，因为司马家族的篡逆丑行人神共怒。

不过，要明确拒绝司马昭，立即就有杀身之祸。按通常思维，阮籍要么选择当下富贵和后世垢名，像钟会；要么选择身盖黄土和名垂青史，像嵇康。这两种人阮籍都不想当。他不在这两者中作选择，采取了拖延策略：天天在家饮酒不朝，连续醉了60多天。60多天后，连司马昭都忘了娶女之事了。这真是："天下事左难右难，何妨一拖了之。"

（3）提出必要的条件

对不是自己所能独立解决的问题，应采取隐含前提条件的办法。也就是说，如果你所作的承诺，不能自己单独完成，还要谋求别人的帮助，那么你在说话时可带一定的限制词语。比如，朋友托你帮忙办理家属落户的问题，这涉及到公安部门和国家有关政策，你不妨这样说更恰当一点："如果以后公安部门办理农转非户口，而且你的条件又符合有关政策，我一定帮忙。"这里就用"公安部门办理"和"符合有关政策"对你的话的内容做了必要的限制，既见自己的诚意，又话语灵活，具有分寸，还向对方暗示了自己的难处（也要求人）。可谓一石三鸟！

"不"是一个简单的字眼，但并不容易脱口而出。婉谢而不要严拒，温和地回应总能避免直面的尴尬。合情、合理而又彬彬有礼的婉拒，不至于伤害彼此的和气或未来的合作良机。唯唯诺诺待人处事，误事误人误自己；明明白白表露心声，省时省力省玄机。掌握睿智的回绝，学习婉言说"不"！

拒绝，即使你想要答应

人生就像是在完成上帝出给我们的试卷，在这张试卷里出现的是一道道的双项选择题。对一个选项的肯定，就是对另一个答案的否定。要选择一个答案，就要勇敢地对具有诱惑性的另一个选择说"不"！那么，如何去说"不"呢？

历史上有这样一个故事，甘罗的爷爷是秦朝的宰相。有一天，甘罗看见爷爷在后花园走来走去，不停地唉声叹气。

"爷爷，您碰到什么难事了？"甘罗问。

"唉，孩子呀，大王不知听了谁的挑唆，硬要吃公鸡下的蛋，命令满朝文武想法去找，要是三天内找不到，大家都得受罚。"

"秦王太不讲理了。"甘罗气呼呼地说。他眼睛一眨，想了个主意，说："不过，爷爷您别急，我有办法，明天我替您上朝好了。"

第二天早上，甘罗真的替爷爷上朝了。他不慌不忙地走进宫殿，向秦王施礼。

秦王很不高兴，说："小娃娃到这里捣什么乱！你爷爷呢？"

甘罗说："大王，我爷爷今天来不了啦，他正在家生孩子呢，托我替他上朝来了。"

秦王听了哈哈大笑："你这孩子，怎么胡言乱语！男人家哪能生孩子？"

甘罗说："既然大王知道男人不能生孩子，那公鸡怎么能下蛋呢？"

甘罗作为一个孩童，能如此得体地拒绝秦王，并让秦王不得不放弃自己的无理请求，实在是大出人们的预料。也正因为如此，秦王才有"孺子之智，大于其身"的叹服。后来，秦王又封甘罗为上卿。现在我们俗传甘罗12岁为丞相，童年便取高位，不能不说正是甘罗的那次智慧的拒绝，才使秦王越来越看重他的。

拒绝别人是一件很难开口的事，特别是拒绝你的上司，更是难上加难。虽然如此，也不可敷衍了事，拒绝一定要讲究艺术。

俗话说有理走遍天下，只要行得正，坐得端，不必畏惧权势，可以断然拒绝他人一些无理的要求。当然在拒绝他人的时候要讲究一些技巧。

北洋军阀统治时期，杭州城有个杜宝林，外号"小热昏"，以唱独角戏闻名全城。杜宝林以卖梨膏糖为生，为了招徕买主，编了滑稽小段在湖边上一边演出，一边兜售梨膏糖。由于他的演出时而说，时而唱，妙语联珠，生动有趣，南腔北调，手舞足蹈，因而观者无数，许多人按时等候在他演唱的地方，风雨无阻，四季不分。

浙江警察厅长夏超仗势欺人，私生活又糜烂不堪，杭州百姓无不深恶痛绝。杜宝林决计代民解恨，搜集了夏超种种丑闻秽行，编成节目，用嬉笑怒骂方式给以嘲讽，并在桌围上大书"小热昏警世笑话"七个字，杭州百姓听了他的笑话，无不捧腹大笑，拍手称快。杜宝林因此声誉鹊起，成了杭州城妇孺皆知的人物。

因为杜宝林的演出，刺痛了夏超，杜宝林的厄运接踵而至。一天，他突然被警察局传讯，罪名是"招摇撞骗，煽动闹事"，勒令不许再演，"如不听令，立即枪决"。杜宝林不为所屈，把戏中过分明显的地方改得隐晦一些，照旧在街头巷尾演出。夏超得悉后，再次传讯他，问他何以不服从命令。如何对付这个蛮横无理的官僚呢？面对万分恼火的夏厅长，杜宝林笑哈哈地回答说："夏厅长何以如此当真，我本就是热昏颠倒，说三道四说说笑笑，所以叫小热昏，厅长是浙江头面人物，教养极高，难道会相信热昏颠倒的人说三道四？"经他这么一说，夏超竟然语塞无对。杜宝林继而一本正经地说："我若不热昏颠倒说三道四，谁来买我的梨膏糖？一家老小岂不是要活活饿死？夏厅长只要答应养活我一家七口，我就不做小热昏了。"夏超啼笑皆非，末了叮嘱他以后小心点儿，就让他走了。

此后，夏超虽派密探盯梢，也无济于事。因为杜宝林的独角戏实在精彩非凡，那些密探常常被杜宝林的表演吸引住了，竟然忘了自己的任务，与观众一起捧腹大笑。禀报时便说杜宝林已改邪归正，循规蹈矩。

这个故事妙就妙在杜宝林运用自己的职业特点，说自己是热昏颠三倒四之人，为的是有人看自己的演出，从而养家糊口，厅长是有教养的人，怎么能相信热昏颠倒的说三道四呢？您让我停演，我的一家老小谁养，如果厅长答应养的话，我就不演了。杜宝林的话环环相扣，不卑不亢，入情入理，使警察厅长毫无办法，这就是语言的威力。要做到巧言拒绝，必须有胆量，有信心，倘若杜宝林面对很有势力的警察厅长，在心理上就惧怕三分的话，就不会有巧言拒绝成功的事儿，因为他压根儿就没有胆量说话，只能说"是，是"，然后不演了。如果是这样，就不会有杜宝林的故事流传了。

有的时候，出于种种原因，不能接受他人的要求。在拒绝时，要讲究方式、方法，处处依礼而行，要给对方留有退路，使其有台阶可下，而切忌令人难堪。

拒绝能力之外的事

拒绝不代表弱势，不意味着逃避或是偷懒，相反它是对自己负责，也是对别人负责。道理很简单：因为你不是"超人"，不能让每个人满意。所以当别人有所请托时，你一定要量体裁衣，只有你自己最了解自己，所以适不适合这个任务只有你自己最清楚。

领导委托你做某事时，你要善加考虑，这件事自己是否能胜任？然后再作决定。

如果只是为了一时的情面，即使是无法做到的事也接受下来，这种人的心似乎太软。纵使是很照顾自己的领导，委托你办事，但自觉实在是做不到，你就应很明确地表明态度，说："对不起！我不能接受。"这才是真正有勇气的人，否则，你就会误大事。

如果你认为这是领导拜托你的事不便拒绝，或因拒绝了领导会不悦，而接受下来，那么，此后你的处境就会很艰难。领导所说的话有违道理，你可以断然地驳斥，这才是保护自己之道。假使领导欲强迫你接受无理的难题，这种领导便不可靠，你更不能接受。

此外，限于能力，无论如何努力都做不到的事，也应拒绝。但是这有一个前提，即是否真的做不到，应该确实地衡量一下，切不可因怀有恐惧心而不敢接受。经过多方考虑，提出各种方案后，是否再加上勇气来突破它？都需要考虑清楚。考虑后，认定实在无法做到，方可拒绝。

当然，拒绝更要讲究方法，采用什么办法才能让上司接受，这里面也是很有学问的。一般而言，拒绝上司可以采取以下方式：

（1）触类相喻，委婉说"不"

当领导提出一件让你难以做到的事时，如果你直言答复做不到时，可能会让领导有损颜面，这时，你不妨说出一件与此类似的事情，让领导自觉问题的难度，而自动放弃这个要求。

（2）佯装尽力，不了了之

当上司提出某种要求而属下又无法满足时，设法造成属下已尽全力的错觉，让上司自动放弃其要求，也是一种好方法。

比如，当上司提出不能满足的要求后，就可采取下列步骤先答复："您的意见我懂了，请放心，我保证全力以赴去做。"过几天，再汇报："这几天×××因急事出差，等下星期回来，我再立即报告他。"又过几天，再告诉上司："您的要求我已转告×××了，他答应在公司会议上认真地讨论。"尽管事情最后不了了之，但你也会给上司留下好感，因为你已造成"尽力而做"的假相，上司也就不会再怪罪你了。

通常情况下，人们对自己提出的要求，总是念念不忘。但如果长时间得不到回音，就会认为对方不重视自己的问题，反感、不满由此而生。相反，即使不能满足上司的要求，只要能做出些样子，对方就不会抱怨，甚至会对你心存感激，主动撤回已让你为难的要求。

（3）利用集团掩饰自己说"不"

例如，你被上司要求做某一件事时，其实很想拒绝，可是又说不出来，这时候，你不妨拜托其他两位同事，和你一起到上司那里去，这并非所谓的三人战术，而是依靠集团替你作掩护来说"不"。

首先，商量好谁是赞成的那一方，谁是反对的那一方，然后在上司面前争论。等到争论过一会儿后，你再出面轻轻地说："原来如此，那可能太牵强了。"而靠向反对的那一方。

这样一来，你可以不必直接向上司说"不"，就能表明自己的态度。这种方法会给人"你们是经过激烈讨论后，绞尽脑汁才下结论"的印象，而包含上司在内的全体人士，都不会有哪一方受到伤害的感觉，从而上司会很自然地自动放弃对你的命令。

口才是思想交流的工具，它千变万化，要驾驭它的确需要艺术。就说"不"吧，它表达否定的意思，但并非所有的否定都要用它来表示。现实生活微妙复杂，你既可以斩钉截铁地拒绝某人的无理要求，说一声"不行！"你也可以态度鲜明地在会议表决中表明"不同意"。

把敷衍拒绝法用得恰到好处

敷衍式的拒绝具体可分为以下几种：

（1）推托其辞。在不便明言相拒的时候，推托其辞是一种比较策略的办法。人处在一个大的社会背景中，互相制约的因素很多，为什么不选择一个盾牌挡一挡呢？如有人托你办事儿，假如你是领导成员之一，你可以说，我们单位是集体领导，像你的事儿，需要大家讨论，才能决定，不过，这件事恐怕很难通过，最好还是别抱什么希望，如果你实在要坚持的话，待大家讨论后再说，我个人说了不算数。这就是推托其辞，把矛盾引向了另外的地方，意思是我不是不给你办，而是我办不了。听者听到这样的话，一般都要打退堂鼓，会说："那好吧，既然是这样，我也不难为你了，以后再说吧！"

（2）答非所问。答非所问是装糊涂，给请托者以暗示。如："此事您能不能帮忙？""我明天必须去参加会议。"答非所问，婉拒了对方，对方会从你的话语中感受到，他的请托不会得到你的帮助，因此也就收回了自己的请求。

（3）含糊拒绝法。如："今晚我请客，请务必光临。""今天恐怕不行，下次一定来。"下次是什么时候，并没有说定，实际上给对方的是一个含糊不定概念。对方若是聪明人，一定会听出其中的意思，而不会强人所难了。

有些人，对别人的要求或命令采取同意、顺从的态度，他们不愿让别人失望，担心自己的拒绝会激起请求者的恼怒和怨恨，他们希望通过"百依百顺"、"有求必应"来塑造和维护自己的"好人"与"能人"的形象。他们甚至觉得"不"是一种排斥和否定，若是与人和平相处，"不"就是一个禁忌。长此以往，他们不仅不说"不"，就算想说时，也不知如何去说。

由于不能拒绝而言不由衷地顺从，会为勉强承诺而自陷困扰，你会因此而在生活的大部分时间里都感到烦恼、失望和内疚，你感觉你无力主宰自己的生活，你生就一副"老好人"的面孔，你的形象是如此苍白可怜，以这种形象去与人交往，虽然主观上是想留给对方一个好印象，但实际上却适得其反，有的时候明知不能办到却应承下来，在浪费了自己大量的时间与精力的同时，也很容易招致朋友的埋怨，因为你误了人家的事。

敷衍式拒绝是最常见最常用的一种拒绝方法，敷衍是在不便明言回绝的情况下，含糊回避请托人。敷衍是一种艺术，运用好了会取得良好的效果。

该说"不"时就说"不"

平等共事，宽容他人，并不意味着要接受屈辱，要被人伤害。为了自己的正当利益，要敢于说"不"，说"不"也是人权。

该说"不"时就说"不"，不做不讲话的鹦鹉。一味的沉默只会让他人忽视你的努力，甚至忽视你的存在。做一个有声音的人，让他人感受到你的存在价值。

如果你是个天生比较软弱的人，或者大家已经把你看成了比较软弱的人，并在无形之中在欺负着你，这时候你一定要鼓起勇气，该说"不"时就说"不"。迈出这一步，你就获得了新生。

不会说"不"的人只会让他人觉得你是一个逆来顺受的人。你是不是五次三番地被人利用和欺侮？你是否觉得别人总是占你的便宜或者不尊重你的人格？人们在制订计划时是否不征求你的意见，而会觉得你千依百顺？你是否发现自己常常在扮演违心的角色，而仅仅因为在你的生活中人人都希望你如此。如果这样的话，你的生活和工作就需要进行改进了，就需要拒绝和说"不"字。当然真正鼓足勇气说这件事情的时候，当你认识到自己的需要并表达出来时，你会发现你原来所顾虑的事情一件都没有发生，而你的生活却发生了变化，同事们开始尊重你，开始意识到你的存在。

刘刚在一家打字店工作，由于刚从农村出来，他非常勤劳且比较老实。每天他上班提前半小时到打字店，开始扫地擦地板抹桌子，同事们忙不过来的时候他主动帮助打印。有一天，由于有事来晚了，发现其他员工们正在嘀咕："乡下人还摆架子，也不知道早来给我们打扫房间。"刘刚突然意识到自己付出的很多而得到的太少了。正好这天晚上又有一位同事请他帮忙："小刘，你今天晚上帮我把这份稿子打出来吧，明天要交活儿。我今天晚上要去跳舞，我先走了，人家还等着我呢。""很抱歉，我今晚有事。"刘刚第一次回绝了别人，那人从来没有遭到过反驳，待在那儿愣了一下。第二天，当他去上班时恰巧遇到那位同事，那位同事并没有表现出任何异样，反而主动打招呼。从此，找他帮忙的人少了，当他给别人擦桌子的时候别人也会礼貌地回应了。就这样，通过一次拒绝，换来了自己的平等和尊重。

虽然"好人"自应有好报，应该受到尊重和保护，但在一个弱肉强食的社会里，有时候好人反而成为受害者，这实在很悲哀。

有些人以欺负老实人作为生存的手段，因此，当你受到不公平的待遇时，要有勇气抗议，但这种抗议必须有气势，虽然不必得理不饶人，但也要充分表达你的立场。一般喜欢捏软柿子的人，心都是虚的（因为他不敢去欺负"坏人"），因此，你的抗议和生气会产生相当程度的效果。

适当的时候也要进行反击，不过实施这种反击时，轻、重要把握得准，否则一不小心，被对方反咬，反而得不偿失。

总之，要想不被人欺，就要用智慧来武装自己。人必须能保护自己，就像自然界的许多小动物，它们也都有基本的自卫能力，否则，连自己是怎么受人陷害的都不知道，还怎么在社会上立足呢？不是有这样一句话吗，"人人是弹簧，你软他就强"，如果我们是弹簧，是不是有时候也要强一强。

不要碍于情面而不敢说"不"，只有学会拒绝，才会使自己的处境好过。因为不拒绝就是许诺，而许诺最后会变成一种责任。

第十三章 拒绝他人恰到好处
——该说「不」时莫迟疑